Arreglos
florales

Arreglos florales

Mark Welford & Stephen Wicks

Altea

DK

LONDON, NEW YORK, MUNICH,
MELBOURNE, DELHI

Editor Susannah Steel
Fotografía Carolyn Barber

Editor de Proyecto Andrew Roff
Editor de Arte William Hicks
Diseño Miranda Harvey, Simon Murrell
Gerente Editorial Dawn Henderson
Gerencia de Arte Christine Keilty,
Marianne Markham
Creativo de Cubierta en Jefe Nicola Powling
Creativo de Presentación en Jefe
Caroline de Souza
Editor de Producción en Jefe Jennifer Murray
Control de Producción en Jefe Alice Sykes
Soporte Técnico Creativo
Sonia Charbonnier

First published in Great Britain in 2011
by Dorling Kindersley Limited
80 Strand, London WC2R 0RL
A Penguin Company

Copyright © 2011
Dorling Kindersley Limited

De esta edición:

Coordinación editorial Gerardo Mendiola
Traducción Claudia G. Arteaga y
Rubén Heredia
Adaptación e interiores
Ma. Alejandra Romero Ibáñez
Cuidado de la edición Arnoldo Langner

D.R. © de esta edición: Santillana Ediciones
Generales, .S.A. de C.V. 2011
Avenida Río Mixcoac 274, Col. Acacias,
C.P. 03240, México D.F.
Primera edición en Santillana Ediciones
Generales: 2011

ISBN: 978-607-11-1082-4

Impreso en China

ÍNDICE

INTRODUCCIÓN

Stephen (derecha) y yo abrimos nuestra tienda, Bloomsbury Flowers, en Convent Garden, Londres, cerca del Royal Opera House, donde ambos bailamos muchas veces.

Al igual que en el ballet, la técnica es de la mayor importancia en la floristería. Aprender cómo disponer las flores en un ramo atado a mano fue una de las primeras habilidades que tuvimos que dominar.

Nosotros nos conocimos en 1970 en Londres, en White Lodge, la Escuela Básica Real de Ballet y, aunque nos separaba un grado escolar, nos hicimos amigos. A finales de los setenta, ingresamos al Ballet Real de Sadler Wells, al cual se conocería después como el Ballet Real de Birmingham.

En la década de los noventa, a medida que nos acercábamos a nuestra "fecha de caducidad" como bailarines, discutimos qué haríamos cuando nos retiráramos. A Stephen siempre le han gustado las flores y ya había arreglado las flores para la boda de un amigo. Aunque yo era un jardinero entusiasta, sabía muy poco sobre el mundo de los arreglos florales, de modo que me resultó un tanto sorpresivo cuando Stephen sugirió la idea de abrir juntos una florería: "¡Todo lo que necesitamos son unas cuantas cubetas, una llave de agua fría y un par de tijeras!"

Solicitamos el apoyo del Desarrollo Profesional para Bailarines (DCD por sus siglas en inglés), una organización de beneficencia que ayuda a ex bailarines en su transición a una nueva carrera. Con el generoso apoyo del DCD, pudimos abrir las puertas de Bloomsbury Flowers en Convent Garden en diciembre de 1994. Nos comprometimos a no poner en riesgo la calidad de nuestras flores, sino a garantizar que siempre brindaran el mayor valor.

Nuestra misión es hacer que las flores sean lo más teatrales posible, sin olvidar nuestro lema de "menos es más", al asegurar que incluso el manojo más simple de hojas de tulipán luzca exquisito, sencillo y con una bella envoltura al salir de la tienda. Siempre estamos seguros de que, cuando que el cliente retire la envoltura, las flores aún lucirán fantásticas. Hemos logrado cambiar el estilo de la presentación de los ramos que les entregan a las bailarinas al final de una presentación en el Royal Opera House en Londres: hemos creado una manera única de envolver las flores de manera que no estén cubiertas por celofán (que refleja las luces del escenario, de modo que las flores no pueden verse) y el público también pueda disfrutarlas.

Nuestra formación en el ballet nos ha provisto de cierta experiencia invaluable para la floristería. La coordinación del tiempo era parte fundamental de nuestra preparación y ejecución en el escenario cada noche y, desde entonces, encontrar esa coordinación es un aspecto importante de ser un florista de éxito. Por ejemplo, siempre estamos conscientes del tiempo que lleva crear un ramo liado a mano, instalar arreglos florales en cada parte de un hotel y preparar flores para un evento, de modo que luzcan lo mejor posible. También sabemos que la buena técnica es fundamental para convertirse en un bailarín de ballet sólido y lo mismo ocurre en la floristería. En este libro, aprenderás técnicas básicas muy valiosas para hacer todos los arreglos que aquí se presentan y que te inspirarán para probar tus propios diseños creativos.

Hemos dedicado un tiempo a decidir qué diseños incluir en este libro; están inspirados no sólo por la vida sino por cosas que puedes encontrar en tu propia casa. También nos hemos enfocado en los alrededores, el color y los recipientes, pues son elementos esenciales a considerar cuando se monta un arreglo. Es importante tener cuidado con el entorno en que se colocarán las flores: lo que funciona bien en alrededores opulentos no siempre luce en un recinto de estilo minimalista. El color tiene una importancia primordial y es un aspecto de la floristería que puede resultar abrumador; es importante saber cómo trabajar con el color en tus diseños. Hemos aprendido uno del otro a lo largo de los años, pues si a Stephen se le deja que recurra a sus propios medios, prefiere trabajar en colores tonales, mientras que yo siempre tiendo a las mezclas de colores. Los recipientes también desempeñan un papel vital en el diseño floral y, a lo largo de los años, hemos acumulado una gran colección que va desde jarrones transparentes y cubetas galvanizadas, hasta cajas de madera atadas con hierba marina, cajas de vino antiguas, cajas de joyería y recipientes de vidrio pintado y de piedra, muchos de los cuales verás en este libro.

El propósito de estas páginas es inspirar, no intimidar, y deseamos que nuestro estilo también se convierta en tu estilo. Ya sea que implique aprender una técnica simple para arreglar flores sencillas en un recipiente o consejos exclusivos para crear un arreglo de altos vuelos, este libro intenta lograr que lo que ya es hermoso lo sea aún más.

El interior de la tienda es nuestro escenario, y éste cambia casi cada día con entregas de flores frescas y plantas decorativas. Nos encanta la manera en que las flores pueden transformar el ambiente de forma instantánea.

Creemos que la atención al detalle lo es todo: nuestra envoltura para las flores, sencilla pero elegante, les permite hablar por ellas mismas.

SECCIÓN UNO
PRINCIPIOS

Esta sección explica todo lo que necesitas saber para elegir las flores correctas en los colores más adecuados, prepararlas y arreglarlas con destreza y colocarlas para lograr el mejor efecto.

MENOS ES MÁS

Nuestra filosofía puede resumirse como "menos es más". No hay necesidad de trucos complicados ni de arreglos apabullantes para que tus flores luzcan bien; a menudo, los arreglos más sencillos logran el impacto más admirable. Para hacer arreglos florales fantásticos, tan sólo necesitas seguir algunas reglas sencillas y pensar cómo ser creativa con, por ejemplo, el manojo mixto de flores que compraste en una barata o recogiste de tu jardín. En lugar de proceder de manera convencional juntando todas las flores en un jarrón, puedes separar los distintos elementos en recipientes individuales de modo que cada uno se convierta en una afirmación bella en sí misma.

FLORES MIXTAS

Las rosas y el velo de novia suelen venderse y arreglarse juntas. Esto no es incorrecto, pero no muestra lo mejor de ninguna de las dos variedades. El lánguido velo de novia no resalta adecuadamente los densos y compactos pétalos de rosa, y juntas lucen un tanto anodinas y aburridas.

TEORÍA

SOLUCIÓN CREATIVA

Al separar las dos variedades de flores y colocarlas en recipientes diferentes, el velo de novia se convierte en una delicada nube de flores con un cariz etéreo y soñador, mientras que los tonos profundos y ricos de las rosas rojas resuenan y juntas lucen exquisitas: nuestra teoría de "menos es más".

ESPACIO

Antes de siquiera elegir un recipiente, un esquema de color, flores y follaje, considera el espacio en que colocarás tu arreglo. Cuando nos piden arreglar flores para alguna ocasión (ya sea para una oficina o sala de entrada, una cena formal, una habitación íntima de hotel o una boda) siempre, primero, visitamos el recinto si no lo conocemos. Necesitamos entender las proporciones de la habitación y el lugar justo donde se colocarán las flores.

AMPLIO

Si tienes una habitación grande y espaciosa para trabajar (quizá una gran área de entrada o un salón de recepciones donde se vean las flores desde diversos ángulos) una sola pieza grande y completa funcionará mucho mejor que unos cuantos arreglos pequeños e insignificantes. Elige un jarrón o recipiente sólido y llénalo con flores exuberantes y opulentas de la estación. También vale la pena pensar en lo que sostendrá el arreglo: un pedestal o mesa auxiliar influirá en cuán altas deben ser las flores y el follaje.

ESTRECHO

Quizá una repisa de ventana o chimenea, escritorio o estante parezcan lugares difíciles para llenarlos de flores. Pero un recipiente largo y delgado lleno de bulbos o hierbas en maceta se adecua perfectamente a esos espacios. Este tipo de diseño también será duradero, pues los bulbos y hierbas con raíces crecen bien si hay suficiente luz natural en la habitación.

BAJO

Si diseñas un arreglo para una mesa de centro o un centro de mesa para sala de juntas o comedor, es importante recordar que las personas necesitan verse unas a otras por arriba de las flores. Elige arreglos bajos (los diseños sencillos suelen funcionar mejor) y asegúrate de que las flores combinen con el recipiente. Como su tallo es corto, las flores durarán más.

ALTO

Un arreglo alto creará el impacto correcto si trabajas en una habitación de techo elevado, una sala de entrada o necesitas alzar la vista. Los arreglos para este tipo de espacio funcionan mejor si no son demasiado ostentosos, de modo que elige un diseño austero, impactante o arquitectónico: quizá con sólo unas pocas flores seleccionadas con gran cuidado. Un jarrón alto es indispensable.

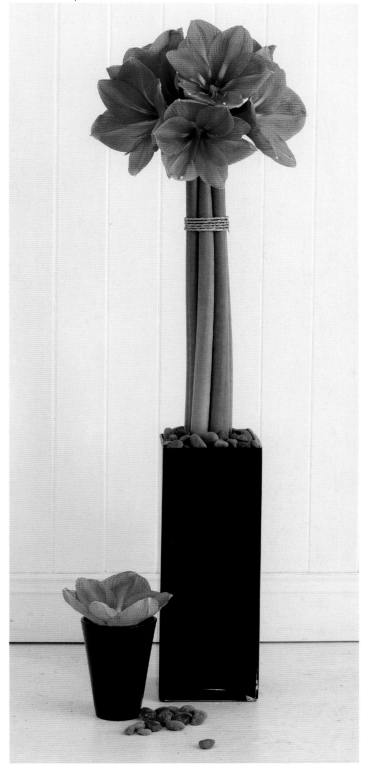

COLOR

Quizá el componente más poderoso de cualquier arreglo floral es el esquema de color. El color es emotivo porque produce un impacto inmediato en nuestros sentidos y puede comunicar un estado de ánimo casi al instante. Existe una espectacular gama de colores en la naturaleza (desde tonos sutiles y armoniosos hasta matices deslumbrantes, intensos e iridiscentes) y las flores encapsulan mucho de ese espectro y diversidad tan dinámicos. Algunos principios básicos de la teoría del color pueden aplicarse al arreglo floral para ayudar en la elección de las flores y el follaje correctos y lograr diseños que produzcan una atmósfera acogedora y luzcan con estilo.

TEORÍA DEL COLOR

En la teoría del color, los tres colores primarios (rojo, azul y amarillo) pueden mezclarse para crear un espectro de otros colores. Estas combinaciones se disponen en un círculo simple, o círculo cromático, para mostrar la relación entre ellas. Esta rueda del color (derecha), compuesta de flores y follaje, muestra cómo funcionan estas relaciones en la práctica.

LO QUE FUNCIONA

Los colores cercanos o adyacentes en la rueda del color contienen elementos de los colores primarios entre los que se sitúan. Por ejemplo, el morado se lleva bien con el azul y el rojo porque se sitúa entre ellos en la rueda del color. Cada color tiene también un valor tonal (una versión clara y oscura) que también crea armonía, pero puede influir en el espíritu de un arreglo para volverlo cálido o frío, suave o intenso. Así, las flores de color morado, azul y rosa pálidos transmiten un ánimo ligero y suave, mientras que los tonos más fuertes y oscuros de estos colores son más intensos y dramáticos. El follaje, con sus diversas y sutiles variaciones del verde, también ayuda a que los distintos colores se mezclen bien.

CÍRCULO CROMÁTICO FLORAL
Esta rueda del color revela cómo los colores influyen unos en otros cuando se les coloca cerca, a un lado o en el extremo opuesto.

Colores primarios
El rojo, uno de los tres colores primarios, se sitúa de manera equidistante entre los otros dos colores primarios, el azul y el amarillo. Éstos son los elementos clave de la rueda del color y, al combinarse en diferentes proporciones, crean todos los demás colores.

Colores armoniosos
Los colores que se ubican juntos o cerca en la rueda del color, como rosas y morados, producen una combinación agradable a la vista cuando se les dispone en un arreglo mixto.

Colores contrastantes
A los colores que se ubican en extremos directamente opuestos del círculo cromático se les conoce como complementarios o contrastantes, pues juntos lucen con más poder que separados. Por ejemplo, las flores azules y anaranjadas se realzan entre sí cuando se las combina.

Los colores que se sitúan en extremos opuestos del círculo cromático influyen de manera poderosa entre sí. En la naturaleza, algunos colores complementarios se realzan mutuamente y pueden lucir mejor juntos que separados. Por ejemplo, en un arreglo rojiverde o un ramo de color rosa y verde lima las flores lucen más vibrantes, saturadas y puras si se las coloca juntas.

LAS REGLAS EN PRÁCTICA

Aunque en principio no hay colores que no deban ir juntos, algunas combinaciones funcionan mejor que otras. Por ejemplo, amarillo y anaranjado es una buena combinación, al igual que morado, rojo y rosa. Una buena pauta es limitarte a tres o cuatro colores armoniosos o dos complementarios; un arreglo multicolor puede arruinar el placer visual, pues resulta confuso para la vista. También vale la pena tener en cuenta que una masa de una misma variedad de flor en un solo color puede crear un mayor impacto si se arregla bien. Antes de que compres las flores, observa el espacio en que colocarás tu arreglo y piensa qué colores van mejor con el esquema de color del entorno de modo que puedas crear el efecto más agradable.

USO DEL BLANCO EN LOS ARREGLOS

Las flores blancas deben usarse con cuidado en los arreglos porque el blanco puede dominar sobre algunos colores y opacar otros. Tanto el blanco como el rojo son colores difíciles que pueden desentonar juntos. Preferimos usar flores color crema y café que, combinadas con follaje, pueden formar una mezcla más suave y lujosa. Con frecuencia usamos flores blancas solas, con follaje verde o combinadas con otras de color crema que las suavizan y realzan. Y cuando las combinamos con una paleta limitada de flores de colores armoniosos, como azul, morado y verde, las blancas pueden tomar un cariz casi iridiscente y resplandeciente.

RECIPIENTES ESENCIALES

Cada diseño floral debe adecuarse a la ocasión y entorno para los que está pensado, así que elige el recipiente antes de seleccionar las flores: piensa en la impresión que quieres crear y considera el tamaño, la forma y el color del recipiente para conseguir la apariencia correcta. Esta selección de jarrones representa las cuatro formas esenciales que necesitas en tu colección; con esta selección limitada, puedes crear una maravillosa variedad de arreglos y lucir las flores con su mejor efecto.

PECERA

Esta forma redonda es buena para realzar la belleza de unas pocas flores al doblarlas y encorvarlas dentro de los contornos de la pecera. También es ideal para exhibir ramos altos atados a mano que requieran de un toque dramático.

FLORERO CÚBICO

Un florero de forma cuadrada es perfecto para mostrar una masa compuesta por un solo tipo de flor e ideal para arreglos pequeños y compactos con flores de tallo corto. Los lados rectos de este florero proporcionan un marco geométrico a las flores y les dan una apariencia moderna.

FLORERO DE COLUMNA

Un florero de lados rectos puede "contener" las flores en su interior, de modo que funciona para diseños esculturales o uniformes. Su altura sostiene bien los arreglos con flores de tallo alto, para que no se encorven, pero también funciona para diseños contemporáneos, como una bola o "bomba" compacta de flores grandes y abovedadas, que repose sobre el borde del florero.

FLORERO DE BOCA ANCHA

Este florero permite que las flores y el follaje caigan de manera natural y en ángulos agradables para crear un abanico, y también puede exhibir una amplia variedad de flores en un arreglo grande. Además, su base estrecha limita la expansión de los tallos, lo cual asegura que cualquier arreglo que requiera de un adorno extravagante o un elemento de drama cuente con altura adicional.

RECIPIENTES PARA CADA OCASIÓN

Esta selección muestra la variedad de colores, texturas, formas y tamaños de floreros y recipientes que pueden inspirar tu arreglo floral. Elige un recipiente que se adecue a las flores y viceversa. Cualquier recipiente no hermético puede adaptarse si se usa celofán o se recortan botellas de plástico. Si no encuentras el recipiente adecuado, siempre tienes la opción de usar espuma floral (pp. 44-47) o de hacer un ramo atado a mano (pp. 40-43).

PECERA ANARANJADA ↓
Florero esférico de vidrio color neón, muy usado para diseños modernos con flores abovedadas.

JARRÓN DE PERIÓDICO →
Florero de columna cubierto con papeles viejos y rotos para crear textura e interés con una selección mixta de flores.

↓ MACETA ROSA
Florero acampanado de vidrio que proporciona un aire moderno a un arreglo sencillo y pequeño.

↓ JARRÓN DE METAL
Versión clásica de un jarrón acampanado, adecuada para los arreglos tradicionales.

MINICUBO ↑
Versión pequeña de un florero cúbico para flores individuales.

↑ CUBETA PEQUEÑA
Cubeta moderna, galvanizada, que luce de maravilla con una masa de una sola variedad de flores de tallo corto.

MOLDES DE TARTALETA ↑
Úsalos para colocar arreglos con cabezas de flor de tallo corto.

LATAS DE CONSERVAS ↑
Esta lata vacía puede convertirse en un atractivo florero acampanado para un bulbo en maceta.

↑ CÁSCARA DE COCO
Trátala como a una pecera redonda opaca para arreglos austeros y modernos de flores exóticas.

↑ URNA DE METAL
Úsala para versiones en miniatura de los arreglos de florero acampanado con una selección clásica de flores mixtas.

JARRÓN OPACO DE COLUMNA ↓
Los jarrones de columna de vidrio con patrones y en colores neutros lucen bien con sólo unas pocas flores de tallo largo.

JARRÓN DE CERÁMICA ↓
Un jarrón acampanado, con patrones, hace lucir bien la mayoría de los arreglos florales.

CUBO DE TERRACOTA ↓
Un recipiente no poroso con una botella de agua recortada en el interior para hacerlo hermético.

↑ FLORERO ANTIGUO
Florero de cristal con un cuello pequeño para mostrar sólo unas cuantas flores de tallo corto.

JARRA DE CERÁMICA ↑
Ideal para unas pocas flores con el tallo recortado.

VELADORA PEQUEÑA →
Útil para múltiples arreglos pequeños e informales.

TAZA Y PLATO →
Las tazas de porcelana pueden sostener flores individuales.

↑ PESEBRE OVAL
Olla de terracota pintada para arreglos bajos con espuma floral.

LAS FORMAS DE LAS FLORES

La diversidad enorme de flores a nuestro alrededor puede clasificarse dentro de una gama limitada de formas. Reconocer las más básicas es útil para entender qué tipos de flores debes seleccionar y cómo funcionan mejor en ciertos arreglos. Dicho de otro modo, no hay flores "incorrectas", sino una manera de usarlas que es incorrecta y otra que es correcta. Las ocho formas de flores que hemos seleccionado aquí las consideramos entre las más atractivas y útiles para arreglos florales.

CABEZA PLANA (flor de la viuda) →
La mayoría de las flores con la parte superior plana son bastante grandes. Pero las múltiples y diminutas flores dispuestas en racimos con tallos cortos que forman estas cabezas florales les proporcionan una apariencia etérea y delicada.
Usos: Ésta forma floral es útil para ramos atados a mano, pues ayuda a crear la figura de domo que se requiere. También proporciona interés y detalle a la textura en diseños grandes y pequeños.
Flores: flor de la viuda, perifollo verde, flor de eneldo

LANZA →
(delphinium)
Los racimos de flores pequeñas sobre tallos crean una típica forma de lanza. Con tantas flores individuales en un tallo, estas flores están llenas de color e interés.
Usos: Las flores con tallos alargados, como la campana de Irlanda y los delphinium, proporcionan estructura, forma y la altura necesaria en jarrones grandes o diseños estructurales.
Flores: delphinium, campana de Irlanda, orquídeas, genciana, liátride, lupinos, delanera, lilas, sello de Salomón.

DOMO (hortensia) →
Grandes y pequeñas, las flores con forma de domo son auténticas flores "estelares" que proveen de sustancia y foco a un arreglo. Las cabezas de estas flores suelen ser bastante densas y proporcionan una fuerte inyección de color en un diseño.
Usos: Esta forma floral es adecuada para arreglos grandes y diseños minimalistas.
Flores: hortensia, la mayoría de las celosías, crisantemos.

← REGULAR
(gerbera)
Las flores con pétalos iguales dispuestos en una forma circular simple alrededor de su centro poseen lo que se conoce como simetría radial: de cualquier manera que se divida una flor regular, tendrá dos o tres partes similares.
Usos: Estas flores son adaptables. Pueden usarse solas en diseños efectistas o como un patrón repetido en un arreglo más grande.
Flores: gerbera, girasoles, margaritas, narcisos, anémonas.

← GLOBO (flor de ajo)
La forma redonda perfecta de las flores de globo las hace lucir más impresionantes en masa, y suelen funcionar mejor en un diseño minimalista de sólo uno o dos tipos de flor.
Usos: Funcionan bien en diseños modernos y esculturales, sobre todo si los fuertes y rectos tallos de flores como las *allium* se dejan lo más largo posible.
Flores: flor de ajo, tulipanes, protea.

ROSETA (rosa) ↓
La forma geométrica de roseta de algunas flores las hace ideales para arreglos grandes y pequeños por igual.
Usos: Estas flores atrapan la vista con facilidad, por lo que funcionan como flores principales en un arreglo mixto, o solas en un diseño minimalista.
Flores: rosas, alcachofa, ranúnculos, peonias, dalias, claveles.

RAMILLETE (eringio) →
Con sus tallos ramificados y gran cantidad de cabezas las flores con forma de ramillete son adaptables e ideales para arreglos mixtos.
Usos: Si se dejan las cabezas en el tallo principal, pueden reforzar la forma de abanico en un arreglo de jarrón o proveer de volumen, color e interés a un ramo atado a mano. También pueden recortarse para ofrecer numerosas flores de tallo corto en diseños con espuma floral.
Flores: eringio, lirios, rosas spray, lisianthus, astrancia.

← AGUJA (verónica)
Una forma de aguja tiene flores pequeñas y sin tallo en la punta. Las flores abren en secuencia, por lo regular desde el fondo, lo que ayuda a crear su forma ahusada.
Usos: Estas formas contrastan bien con flores de pétalos más suaves y sirven para romper los contornos lisos de un ramo con forma de domo o un diseño con espuma floral.
Flores: verónica, alhelíes, antirrhinums, jacintos comosos, jacintos, lirio del valle, lavanda.

TIPOS DE FOLLAJE

El propósito de usar follaje en un arreglo floral es proveer de textura, color adicional, forma y proporción: ya sea un arreglo frontal o tridimensional, el follaje ayudará a darle la altura, anchura, profundidad e interés que necesita para lucir equilibrado y sustancial. Algunos tipos de follaje funcionan mejor en arreglos grandes para rellenar y moldear el diseño, mientras que las plantas escultóricas crean interés y altura. Otras clases de follaje (por lo regular, el que se da durante todo el año) funciona mejor en diseños pequeños para darles detalle y color. Sin embargo, al final, el follaje que elijas siempre dependerá de su disponibilidad por estación o durante todo el año.

FOLLAJE DE TODO EL AÑO

Con la excepción del rusco, el follaje de todo el año tiende a ser corto y funciona mejor en arreglos compactos. Elige un follaje como el pitósporo, salal, eucalipto, hierba oso, cola de caballo, helecho hoja de cuero y hojas de atar negras y verdes.

← RUSCO
Estas atractivas hojas con forma de pluma en tallos largos y curvos añaden una textura delicada.

← SALAL
Este follaje es denso y funciona mejor en diseños pequeños y ramos.

EUCALIPTO →
Las inusuales hojas color verde plateado, el agradable aroma y los hermosos tallos arqueados del eucalipto realzan la forma de un diseño y añaden un adorno adicional.

FOLLAJE ESTACIONAL

Los tallos altos y rectos del árbol de humo, forsitia, aligustre, fortinia, hoja blanca y rododendro son ideales para arreglos grandes. Puede usarse cualquier retoño de acompañamiento a las orillas de un diseño o en un arreglo compacto. El hebe, hiedra con bayas, senecio, hipérico y pie de león son más adecuados para arreglos compactos. Acondiciona bien el follaje estacional o se marchitará pronto.

← ALIGUSTRE
Alto y dramático, el aligustre proporciona un efectivo telón de fondo para flores de tallo largo.

← PIE DE LEÓN
Con su inusual color verde lima y apariencia de encaje, la alchemilla es ideal para romper con un grupo denso de flores. Es lo bastante hermosa para usarla como flor en algunos diseños.

FOTINIA →
Este follaje de tallo rojo añade un rico acento de color a un arreglo otoñal.

LAS FORMAS EN ACCIÓN

Estas páginas ilustran las diversas maneras en que puedes utilizar las ocho formas florales básicas. Algunos arreglos necesitan sólo una forma en grupo para producir un resultado sencillo o dramático, mientras que otros se usan para crear un efecto particular en arreglos mixtos con follaje estacional o de todo el año.

DOMO
La hortensia y la celosía son flores dominantes en estos diseños y, como resultado, su poderosa forma de domo dicta la forma del arreglo.

PASTELILLOS FLORALES pp. 122–23
Incluir la hortensia junto con las rosas y peonias añade peso y dramatismo a este diseño, y reproduce las formas de las peonias bien abiertas.

CUBO FRUTAL pp. 164–65
Las celosías rojas y verdes, de densa cabeza, crean interés e impacto cuando se arreglan como un ramo de estación atado a mano y se las coloca en un florero.

ESFERA DE HORTENSIAS pp. 140–41
Las flores con forma de domo a menudo funcionan solas en un arreglo, como lo muestra esta pecera redonda con cabezas de hortensia abovedadas y tallos cortos.

CABEZA PLANA
La flor de la viuda y la flor de eneldo, entre otras, pueden usarse por igual en arreglos altos y bajos hechos con espuma floral para definir su forma y añadirles textura.

CENTRO PARA MESA PARA BODA INVERNAL p. 202
Estas escarchadas flores de la viuda sirven de complemento para las otras flores: su abundancia de cabezas pequeñas y delicadas rompe con los intensos racimos de pétalos de fresia y rosa.

DISEÑO VERANIEGO LARGO Y BAJO pp. 114–17
Las oscuras flores de eneldo en este diseño crean un contorno liso y ayudan a definir su forma. También añaden profundidad y color a lo que podría ser un arreglo demasiado rosa.

RAMO DE VERDURAS Y FRUTAS pp. 174–75
Usar flor de viuda morada en este estrafalario ramo ayuda a inyectar color y textura a lo que de otro modo sería un diseño mayormente verde y bastante denso.

REGULAR

Las flores de forma regular funcionan bien en muchos diseños y añaden simetría a los arreglos minimalistas.

GERBERA EN LÍNEAS pp. 248–49
Este arreglo es un ejemplo perfecto de cómo usar flores regulares en un diseño arquitectónico moderno para crear uniformidad y orden.

ÁRBOL DE NARCISOS pp. 80–81
Usar estos narcisos para crear el efecto de un árbol topiario produce otra forma regular: las pequeñas flores juntas parecen una gran flor.

JARRÓN DE GIRASOLES pp. 56–57
Aunque este arreglo usa diferentes variedades de girasol (todas las cuales tienen una forma regular) impacta por los colores contrastantes.

LANZA

Estas flores altas con forma de lanza añaden dramatismo y altura a diseños tradicionales y contemporáneos.

ESPUELAS DE CABALLERO Y HORTENSIAS EN AZUL pp. 144–45
Las altas espuelas de caballero de este moderno arreglo de florero añaden altura y dramatismo a las hortensias de tallo corto.

JARRA VERANIEGA DE LILAS pp. 102–103
Este es un ejemplo de cómo usar una flor de tallo más corto, como una lila común, para añadir textura e interés a este sencillo arreglo de florero.

RASCACIELOS DE LIÁTRIDES pp. 228–29
Un arreglo como este usa sólo una variedad de flor con forma de lanza para afirmar su presencia en un florero de columna alto.

GLOBO

Las proteas, flores de ajo y tulipanes conservan bien su forma redonda en un arreglo cuando sus pétalos ya han abierto.

MOLDE DE GELATINA pp. 70–71
Los tulipanes de este arreglo mixto lucen su forma esférica y contrastan de maravilla con otras flores pequeñas con forma de aguja.

TULIPANES EN PECERA pp. 66–67
Un arreglo en una pecera redonda es una manera adorable de disfrutar estos glamurosos tulipanes loro franceses. Sus cabezas redondas contrastan bien con los largos y afilados pastos.

RAMO DE OTOÑO pp. 160–61
Las variedades esféricas de las exóticas flores de protea lucen espectaculares en un ramo compacto liado a mano, pues imitan la forma redonda del arreglo.

RAMILLETE

Lo grandioso de las flores con forma de ramillete es su versatilidad, funcionan bien en muchos diseños, incluidos los ramos atados a mano y la espuma floral.

CENTRO PARA MESA DE BODA VERANIEGA CAMPESTRE pp. 134–35
En este diseño con espuma floral las rosas spray son ideales como relleno y añaden interés.

RAMO DE NOVIA INVERNAL p. 201
Las rosas spray blancas de este ramo se mezclan bien con un grupo de fresias blancas y proveen fondo para las grandes rosas individuales que son el elemento principal.

ABANICO DE PASCUA pp. 234–35
En este moderno diseño se recortaron los tallos de rosas spray para imitar la forma creada por los alcatraces y proveer una intensa explosión de color en el centro del diseño.

AGUJA

Las flores con forma de aguja suelen ser bastante delicadas, pero sus puntiagudas cabezas añaden altura e interés a los arreglos con flores mixtas.

ARMONÍA DE VERANO pp. 112–13
Las pequeñas series moradas de verónicas de este arreglo frontal suavizan sus esquinas y equilibran la redondez de las hortensias y rosas, grandes y cautivadoras.

CANASTA DE CREMA pp. 120–21
Los alhelíes se usan aquí por su aroma y forma, que rompe con un arreglo largo y bajo y le añade altura. Esto le da una apariencia más relajada e informal.

RAMO DE VERANO pp. 124–25
Este ramo atado a mano incluye la hierba de la moneda color rosa profundo, que se ha dejado larga para hacer el ramo más informal y menos redondeado.

ROSETA

Estas fabulosas flores tienen pétalos que abren en forma circular, de roseta. Algunas variedades, como los claveles, funcionan bien en grupo.

RAMO DE PRIMAVERA pp. 82–83
Estos ranúnculos anaranjados, dispuestos entre otras flores primaverales, contrastan muy bien con los jacintos comosos. Se agrupan en tres para lograr un cariz más fuerte.

RAMO VERDE pp. 236–37
Las rosas son una típica flor roseta y aquí resaltan por sí solas, aún combinadas con flores grandes y brillantes como estos anturios.

ESCULTURA DE CLAVEL pp. 246–47
Comprimir una gran cantidad de cabezas de clavel en una bola de espuma floral produce una densa figura geométrica que reproduce la figura de un clavel individual.

EQUIPO

Hay ciertas herramientas y equipo básicos que necesitas para acondicionar las flores, arreglarlas correctamente y mantenerlas. Éstos son los instrumentos esenciales que requerirás para realizar todos los arreglos de este libro. Trabaja en una habitación fresca, barre las hojas y tallos del piso de manera que no resbales con ellas, y utiliza una cubeta grande para acondicionar las flores y el follaje.

CINTA ADHESIVA ↓
Se usa para pegar tallos rotos, hacer rejillas a través de la boca de un florero y envolver ramos.

ATOMIZADOR DE MANO ↓
Se usa para refrescar o revivir las flores con una fina bruma de agua.

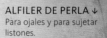

TABLETAS DESINFECTANTES →
Añada a un florero o recipiente con agua para matar bacterias y ayudar a mantener el agua limpia.

CINTA FLORAL ↑
Se usa para sujetar la espuma a una bandeja o tazón de plástico.

CINTA DE TALLO ↑
Se usa para cubrir y sellar tallos de flores y follaje sujetos individualmente.

ALFILER DE PERLA ↓
Para ojales y para sujetar listones.

COJÍN DE ALFILERES ↑
Necesario para acomodar los tallos en ángulos precisos (pp. 234-35).

← TAZÓN DE RAMILLETES
Tazón superficial de plástico creado para contener suficiente espuma floral para un arreglo pequeño.

PINCEL ↓
Para sacudir el polen de los pétalos.

TELA AFELPADA VERDE →
Útil para atar tela o cubiertas a los recipientes.

AMPOLLETA ↑
Para conservar frescas las flores de un solo tallo antes de presentarlas.

CEPILLO ↘
Para limpiar floreros y recipientes.

← TAZÓN PROFUNDO
Tazón de plástico que contiene suficiente espuma floral para un arreglo frontal grande.

ALAMBRE CALIBRE 22 ↑
Adecuado para sujetar tallos grandes, listones y otros materiales.

ALAMBRE FLORAL ↑
Se usa para sujetar flores de tallo pequeño y para ojales.

AMPOLLETA DE CUELLO LARGO ↑
Para flores de tallo corto en arreglos mixtos.

VARAS DE JARDÍN DE VARIOS TAMAÑOS ↓
Útiles para colocar y sostener los componentes en su lugar.

BANDAS ELÁSTICAS ↓
Útiles para formar manojos de follaje fino como la hierba oso.

RAFIA ↑
Ideal para amarrar ramos y tallos.

CUERDA DE SISAL ↑
Una buena alternativa de la rafia.

BOTELLA DE PLÁSTICO ↓
Recorta botellas de plástico para sostener las flores en agua dentro de recipientes no herméticos.

↑ **ALAMBRE DE COLORES**
Alambre de carrete en varios colores y grosores para unir los tallos y añadir detalles decorativos.

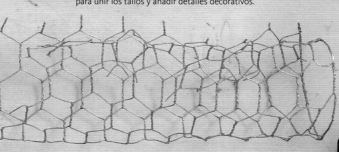

MALLA DE ALAMBRE ↑
Moldéala para que se ajuste y colócala en un florero opaco para mantener en su lugar los tallos.

TIJERAS DE FLORISTA ↓
Ideales para acondicionar y podar flores y follaje de tallo delgado.

BLOQUE Y BANDEJA DE ESPUMA FLORAL →
Para arreglos medianos con espuma floral.

CÚTER →
Para acondicionar flores y cortar y podar bloques mojados de espuma floral.

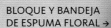

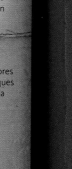

TIJERAS DE PODAR →
Para podar y cortar follaje de tallo rígido y flores de tallo grueso.

ELEGIR Y PREPARAR

Selecciona las flores de la mejor calidad que tenga tu florista o floricultor y procura que, en lo posible, tus elecciones sean de la estación. Según la ocasión, elige flores que aún estén en botón o apenas empiecen a abrir y, como regla general, compra un máximo de cuatro a cinco tipos de flores en tres o cuatro colores armoniosos, o dos complementarios. Si el aroma es importante, pide a tu florista que te aconseje y averigua si las flores tienen un aroma ligero o fuerte y embriagante. Esto es importante pues algunos aromas pueden ser sofocantes en habitaciones pequeñas.

CUÁNDO COMPRAR FLORES

Para arreglos que duren más en casa, compra flores como lirios, amarilis, rosas, ranúnculos y tulipanes aún cerradas. Sin embargo, si necesitas flores para una ocasión especia como una boda, compra las que ya han empezado a abrir para que luzcan al máximo en el evento.

ROSAS SANAS

Para cerciorarte de que las rosas que vas a comprar están frescas y durarán bastante, oprime con suavidad algunas de las cabezas, cerca de la base donde se unen los pétalos y sépalos. Si las rosas están firmes, y no esponjosas y suaves, son una mejor opción y vivirán más.

Elige flores como los lirios, con los capullos en diversas etapas no deberán estar completamente cerrados ni abiertos.

Una rosa más vieja tiene una base suave y pétalos con aspecto cansado.

Una rosa fresca tiene una base firme y pétalos más firmes y vigorosos.

CONSEJOS DE EXPERTOS

• Retira el polen de flores como los lirios (derecha) para evitar manchas en los pétalos o la ropa y molestias a las personas alérgicas. El polen de lirio es venenoso para gatos y perros, de modo que elimínalo si tienes uno.

• Si usas un florero de vidrio, disuelve en el agua una tableta desinfectante antes de poner las flores. Esto mantendrá el agua limpia y ayudará a matar las bacterias.

• Para ayudar a los capullos a abrir, retira algunas hojas. Así más agua y nutrimentos llegan a la cabeza de la flor. Para ayudar a los lirios, pon los tallos en agua tibia, déjala enfriar y repite.

PARA RETIRAR EL POLEN
Tira con suavidad de los estambres llenos de polen desde el centro de la flor con tus dedos pulgar e índice. Si omites una flor y los estambres se llenan de polen, pícalos de la misma manera y limpia cualquier polen suelto con un pincel.

ACONDICIONAMIENTO

Es importante que acondiciones tus flores y follaje tan pronto como los hayas comprado para que se mantengan en óptimas condiciones el mayor tiempo posible. Elimina el exceso de hojas de los tallos (izquierda) y recorta las puntas de los tallos leñosos (derecha). Coloca todos los tallos de flores y follaje en una cubeta de agua fría para que beban por una hora antes de empezar a podar y arreglar las flores. Esto ayudará a hidratar las flores y a que florezcan mientras aún están frescas. Si las flores beben lo suficiente en esta etapa, no deberán requerir tanta agua una vez colocadas en un arreglo.

PODA DE LOS TALLOS

2 Deja unas pocas hojas cerca de la punta superior, pero retira cualquier hoja que pueda impedir el paso del agua. El follaje suele tener tallos más cortos que las flores, así que recorta los retoños de la parte baja para tener tallos más largos.

1 Coloca flores y follaje en una mesa. Toma un tallo, ponlo vertical sobre la mesa y, corta hacia abajo los costados del tallo con un cúter para eliminar espinas y hojas no deseadas.

RECORTE DE LOS TALLOS

2 Recorta las puntas de los tallos leñosos como los de las rosas, lirios y las rosas guelder con tijeras de podar. Esto aumenta la superficie de las células en los tallos del follaje y flores más gruesos, de modo que absorben más agua.

1 Haz un corte diagonal a unos 2.5 cm de la base de cada tallo para ayudarle a absorber agua e hidratar la cabeza de la flor.

MANTENIMIENTO

Para prolongar la vida y belleza de las flores, cambia el agua cada tercer día. Si utilizas alimento para plantas, cambia el agua cada cuatro o cinco días. Los tallos que están en florero también deben recortarse cada pocos días, pues sus extremos se vuelven anegados y pastosos, lo que restringe el flujo de agua y hace que las flores se marchiten y pierdan sus pétalos más rápido. Recortar cada tallo rehidrata las cabezas y mantiene su frescura. Hay otras maneras de revivir flores y reparar tallos recortados si tu arreglo empieza a lucir agotado.

ROCIADO

Si preparas y acondicionas tus flores en un día caluroso, usa un atomizador para revivirlas. Rocía las cabezas a una distancia de 20 cm; no te acerques demasiado, pues podrías empapar y estropear los pétalos. Las hortensias y flores similares se benefician mucho del rocío. Un atomizador de mano también es vital para rociar los arreglos con espuma floral, ramos y flores de ojal, pues los tallos estarán fuera del agua por un largo tiempo.

RECORTE DE LOS TALLOS

Poda los tallos con un corte angulado a 2.5 a 5 cm de la punta, según el largo original. Si las flores y follaje tienen tallos leñosos, recorta los tallos después de podarlos (p. 33). Cambia el agua y recoloca las flores. Si usaste un florero opaco, puedes conservar la altura del arreglo original si pones un trozo de celofán o algo similar en la base del florero antes de recolocar las flores.

Poda todos los tallos al cortarlos en ángulo con unas tijeras de podar.

CONSEJOS DE EXPERTOS

• Las bacterias se pueden acumular en floreros llenos de agua, sobre todo en las orillas, lo que puede matar las flores. Limpia a fondo tus floreros después de cada uso con agua caliente, detergente y un cepillo para frotar bien los bordes.

• Mantén los arreglos lejos de la luz directa del sol y de radiadores para prolongar su vida.

• Si el musgo se decolora, ponlo en una tarja y viértele una olla de agua hirviendo para revivirlo.

LIMPIEZA DE UN FLORERO
Usa un cepillo para limpiar tus floreros y recipientes cada vez que termines de usarlos. Este tipo de escobilla alcanza con facilidad rincones difíciles y elimina suciedad y bacterias.

REVIVIR LAS FLORES

Coloca las amarilis o espuelas de caballero flácidas en una mesa, apuntala las puntas de los tallos para que se inclinen hacia arriba, llena los tallos de agua y déjalos por alrededor de una hora hasta que endurezcan. Se cree que los pétalos marchitos de la hortensia son tan resistentes que sobreviven tras sumergirlos en agua por tan sólo dos horas, o durante la noche, para revivirlos. Para enderezar y fortalecer gerberas flojas, poda los tallos, envuélvelos en papel periódico y déjalos en un recipiente con agua durante unas horas.

TALLOS ROTOS

Si se rompen los carnosos tallos de las amarilis, jacintos y alcatraces, pueden lucir mal en un florero transparente con agua. Para evitar que ocurra esto, envuelve la base de cada tallo con tres vueltas de cinta adhesiva transparente después de que has acondicionado las flores. Esto garantizará que los tallos permanezcan limpios y no se separen. Luego recoloca los tallos en el arreglo.

Envuelve los tallos de gerbera en periódico hasta el cuello, colócalos en un recipiente con agua y deja que el periódico absorba el agua y la lleve hacia arriba.

Las gerberas absorben agua por la base del tallo y por ósmosis en toda la superficie del tallo.

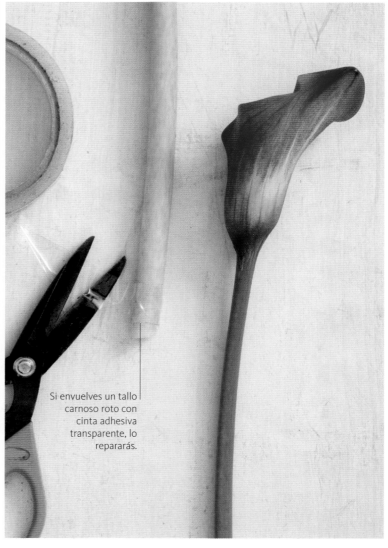

Si envuelves un tallo carnoso roto con cinta adhesiva transparente, lo repararás.

ARREGLO FRONTAL EN FLORERO

Esta secuencia explica cómo crear un diseño frontal sencillo pero efectivo en un recipiente. Este paso a paso simple te brindará el conocimiento y habilidades que necesitas para crear cualquier arreglo en florero.

Antes de arreglar las flores y el follaje, corta los tallos en ángulo (conserva los tallos tan largos como sea posible hasta que los acomodes), separa los tallos que estén secos, quita el polen a los lirios, si los estas usando, y sumérgelos bien en agua fresca (p. 33).

Materiales básicos

Florero de boca ancha
Pastilla desinfectante (si se usa
  un florero de vidrio)
Malla de alambre (opcional, si se
  usa un florero opaco)
Tijeras de florista

1 Llena un florero de boca ancha limpio y bien lavado con agua fresca y, si es de vidrio, añade una pastilla desinfectante. Dispón todas las flores y follaje en manojos separados. Lo mejor es tener de 5 a 8 tallos de dos tipos diferentes de follaje y de 3 a 5 tallos de cuatro tipos distintos de flores.

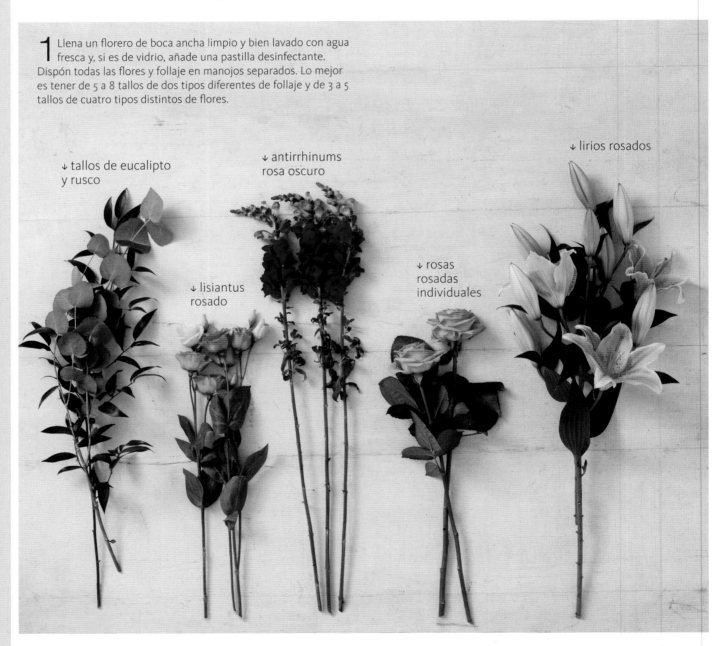

↓ tallos de eucalipto y rusco

↓ antirrhinums rosa oscuro

↓ lirios rosados

↓ lisiantus rosado

↓ rosas rosadas individuales

2 Pon en el florero de 3 a 4 tallos de un tipo de follaje. Estos caerán naturalmente en todos los ángulos contra los lados del florero, creando una vaga figura de abanico y un marco básico. Están pensados para ser un poco más cortos que otro follaje. Si usas un florero opaco, primero inserta malla de alambre en el florero para asegurar que cada tallo repose en el ángulo correcto (derecha).

3 Añade el segundo tipo de follaje en medio de los primeros tallos. Primero, sostén cada tallo enfrente del florero para compararlo con el arreglo y calcular qué tanto podar. Luego, córtalo y colócalo en el arreglo con cierto ángulo. Si aún luce demasiado alto, vuelve a cortarlo. Los tallos de follaje más cortos deben reposar al frente del florero y los más largos, atrás y a los lados.

4 Cuando hayas formado una figura de abanico, aunque luzca un tanto magra, deja de añadir follaje.

5 Incorpora la primera variedad de flor, de preferencia la que tenga las cabezas más grandes. Sostén cada tallo en ángulo frente al florero, en el lugar que te gustaría colocarlo, corta la punta del tallo e insértalo en ángulo. Al menos uno de estos tallos debe ser más alto que el resto y reposar atrás en el arreglo; los tallos que coloques al frente deben ser más cortos.

6 Añade la siguiente variedad de flor. Primero inclina cada tallo frente al florero para revisar ubicación y altura y luego insértalo en ángulo. Aunque necesites calcular la longitud de cada tallo individualmente, el objetivo es crear una forma gradual, baja al frente y alta detrás.

7 Gira el florero de modo que puedas mirar el arreglo desde el costado y revisar su forma gradual. Si usas un florero transparente, también vale la pena mirar los tallos dentro del florero, para cerciorarte si has formado el diseño de manera correcta.

8 Incorpora la tercera variedad de flor. Revisa la altura y posición de cada flor antes de incorporarla. Coloca estas flores de manera uniforme por todo el diseño, donde haya huecos.

9 Inserta los tallos del último tipo de flor de la misma manera. Usar cuatro variedades de flor para un diseño en florero asegura una textura y una gama rica de colores, y crea más movimiento en todo el diseño.

10 Añade tallos pequeños de follaje en las orillas y el frente para ocultar la boca del florero. Como estos tallos son más cortos, asegúrate de que reposen en agua; si es necesario, llena el florero al tope cuando ya lo hayas colocado. Cambia el agua cada pocos días y recorta los tallos (si usaste malla de alambre, retira todo el arreglo del florero, con la malla intacta, poda los tallos y agrega agua fresca).

RAMO ATADO A MANO

Nuestro propósito al hacer un ramo atado a mano es crear un aspecto bastante compacto; una forma redondeada o abovedada con las flores y follaje y un efecto espiral con los tallos. Todos estos son detalles estéticos que definen nuestro inconfundible estilo.

Arreglar un ramo es un proceso metódico. Si incorporas tus grupos de flores en la misma secuencia y lo giras un poco en la misma dirección cada vez que añades un tallo de flor o follaje, deberás asegurarte de no juntar las mismas flores a medida que crece. El punto de atadura gobierna el tamaño del ramo: si sujetas los tallos muy por abajo, el arreglo será más holgado y los tallos más largos. Un punto de atadura más alto (entre la mitad y dos tercios de los tallos hacia arriba) creará el ramo compacto que preferimos.

Materiales básicos

Tijeras de jardín
Rafia o cuerda de sisal

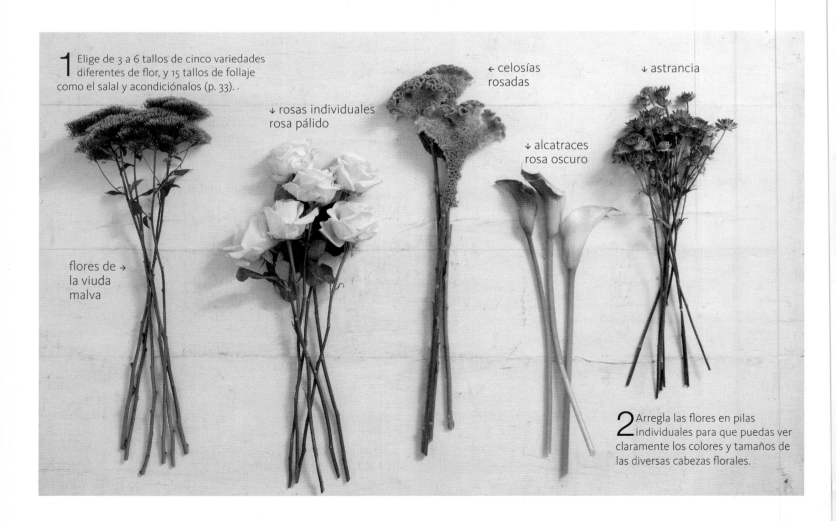

1 Elige de 3 a 6 tallos de cinco variedades diferentes de flor, y 15 tallos de follaje como el salal y acondiciónalos (p. 33).

← celosías rosadas

↓ astrancia

↓ rosas individuales rosa pálido

↓ alcatraces rosa oscuro

flores de → la viuda malva

2 Arregla las flores en pilas individuales para que puedas ver claramente los colores y tamaños de las diversas cabezas florales.

3 Elige una flor central para el ramo. Deberá ser grande. Aquí, una rosa rosada será perfecta. Acomoda de 3 a 4 tallos de follaje alrededor de esta flor. La flor debe reposar justo bajo las puntas de las hojas. Sostén el manojo por el punto de atadura con tu mano izquierda si eres diestra y viceversa.

4 Toma otra variedad de flor e insértala en el manojo justo en el sitio donde reposa tu pulgar. Inserta el tallo en ángulo, de modo que el extremo apunte hacia tu cuerpo y la cabeza de la flor se aleje de ti.

5 Coloca cada una de las flores restantes alrededor del follaje y gira ligeramente el manojo en la misma dirección después de haber incorporado cada flor. Al igual que la primera rosa, las flores deben estar un poco más abajo que las puntas de las hojas del follaje.

6 Poda ligeramente los tallos más largos si el manojo ha quedado muy pesado. No los recortes demasiado; después necesitarás podar adecuadamente los tallos. Añade otro círculo de follaje en ángulo y gira un poco el manojo a medida que trabajas. Ahora debe notarse la espiral de tallos.

7 Mira la parte superior del manojo para ver la posición de las flores y el equilibrio de los colores. Dispón la siguiente secuencia de flores un poco más abajo alrededor de los costados para empezar a formar la bóveda. Usa las flores y el follaje restantes, y pon estos tallos en ángulo para que reposen aún más abajo por las orillas del manojo.

8 Amarra un trozo de rafia o cuerda con unas cuantas vueltas en la parte superior del punto de atadura (justo arriba de tu mano) y anuda firme con los cabos para afianzar el ramo. Corta la rafia sobrante.

9 Empareja los extremos de los tallos para que el manojo pueda reposar de pie en un florero y todos los tallos tengan agua. Vuelve a cortar los tallos leñosos.

10 Un ramo bien arreglado y atado como este debe sostenerse de pie sin ayuda, pues los tallos en espiral le dan estabilidad. Pon el ramo en un jarrón o, si es para regalo, mantenlo en agua fresca hasta amarrarlo con listón (pp. 52-55) y obsequiarlo.

ARREGLO CON ESPUMA FLORAL

Un arreglo con espuma floral es ideal si quieres crear un diseño bajo y compacto o una figura definida en una escala mayor. Cada tallo de flor y follaje se inserta en ángulo para crear el contorno redondeado o gradual tan característico de esos arreglos.

La espuma floral debe remojarse antes de cortarla, colocarla y acomodar las flores y follaje. Introduce una barra de espuma floral en un tazón o cubeta con agua y retírala en cuanto haya absorbido por completo el agua o se hunda hasta el fondo, no la dejes en el agua, pues empezará a desintegrarse. Vale la pena tener un atomizador de mano mientras trabajas para refrescar las flores.

Materiales básicos

Espuma floral
Florero de ramilletes
Cúter
Cinta de tallo
Tijeras de florista

1 Usa de 6 a 8 tallos de dos tipos distintos de follaje cada uno y de 7 a 11 tallos de tres variedades de flores (o de 2 a 3 tallos si usas flores spray) para este pequeño arreglo. Acondiciona tus flores y follaje (p. 33). Dejarás los tallos muy cortos cuando los arregles, así que no necesitas dejarlos demasiado largos cuando los acondiciones.

↓ verónica morada

lisianthus → blanco

↑ rosas blancas individuales

↑ tallos de salal

tallos de → eucalipto

2 Coloca media barra de espuma floral húmeda en el florero de ramilletes, recorta las orillas de la espuma con un cúter y sujétala al florero con cinta de tallo.

3 Poda los tallos más cortos de los distintos ramilletes de follaje y elige una variedad de follaje para crear un armazón: inserta un tallo en ángulo en cada lado de la espuma a la altura de la base (de manera que las hojas se inclinen hacia abajo para ocultar la base del florero), y tres tallos en línea por la parte superior de la espuma. Presiona los tallos con firmeza (aunque no demasiado unos 2 cm) dentro de la espuma.

4 Añade en ángulo unos pocos tallos del segundo tipo de follaje para rellenar los espacios. Procura lograr una figura uniforme y redondeada con las hojas anguladas, pero no ocultes toda la espuma en esta etapa.

5 Usa las cabezas florales más grandes a continuación: poda cada tallo hasta dejar unos 10 cm e insértalo en ángulo (las cabezas florales insertadas alrededor de la base de la espuma deben inclinarse hacia abajo, y las de la parte superior, hacia arriba). Rocía brevemente las flores y follaje.

6 Inserta las flores uniformemente en todo el arreglo. Gíralo mientras trabajas para que distribuyas las flores de manera equilibrada. Aquí se han insertado cuatro flores por la parte baja de la espuma y tres por la parte alta.

7 A continuación, añade una flor pequeña; las flores con forma de aguja funcionan bien en un arreglo como éste. Insértala en ángulo entre las primeras flores. Permite que estas espigadas flores sobresalgan un poco del arreglo y rompan con los contornos redondeados de las otras.

8 Si usas una variedad de flor con forma de ramillete, corta los tallos más cortos para usarlos como flores individuales. Insértalos en los huecos notorios del arreglo.

9 Gira el arreglo una última vez para localizar huecos o espuma visible y cubrirlos con un tallo de follaje.

10 Rocía generosamente las flores y follaje con un atomizador. Antes de colocar el arreglo en su lugar, inclínalo sobre un fregadero para drenar el exceso de agua y seca la base del recipiente (esto es de especial importancia si pretendes colgar el arreglo como "banca de iglesia," por ejemplo). Para prolongar la vida de las flores, la espuma debe conservarse húmeda: cada 3 a 4 días, deja reposar el arreglo en el fregadero de la cocina y viértele con delicadeza una jarra de agua. Luego, vuelve a rociar las flores y el follaje.

FLOR PARA OJAL CON ALAMBRE

El trabajo de cubrir de alambre una hermosa flor en perfectas condiciones es tal que la cabeza, y cualquier hoja que la rodee, puede manipularse delicadamente en ángulos perfectos una vez que se ha sujetado la flor a la solapa de una chaqueta.

Los alambres finos y la cinta de tallo verde se usan para simular el tallo delgado y liso. La cinta también conserva la humedad, lo que mantiene la flor fresca durante más tiempo. Es importante conservar los tramos de cable lo más rectos posible para evitar crear un efecto protuberante, que luciría mal en una solapa.

Materiales básicos

Tijeras de florista
Alambres florales plateados
Cinta de tallo
Alambre calibre 22
Alfiler de perla

1 Elige tres hojas impecables de hiedra que sean lo bastante grandes como para cubrir la base de la cabeza de la rosa. Voltea una hoja e inserta un alambre floral por cualquier lado de la nervadura, y haz una puntada lo más pequeña posible por el frente de modo que el alambre no se vea con facilidad.

2 Dobla cada lado del alambre a 90° de modo que ambos tramos queden paralelos al tallo. Luego tuerce uno de los alambres alrededor del tallo y el alambre recto restante (a esto se le llama "doble trenzado".

3 Con tijeras, corta por la mitad un tramo largo de cinta de tallo (esto se hace fácilmente al recorrer longitudinalmente las cuchillas abiertas de las tijeras por el centro de la cinta). Una cinta de tallo más delgada asegura un resultado más fino y delicado.

4 Ata un extremo de la cinta a la parte superior del tallo. Enrolla la cinta alrededor y hacia abajo del tallo y los alambres, y manténla tensa y estirada al hacerlo. Enrolla la cinta hasta los extremos de los cables y vuelve a enrollar un poco hacia arriba. Arranca con los dedos la cinta sobrante y precíntala. Repite el proceso con las otras dos hojas.

5 Para preparar la rosa, junta varios alambres florales y dóblalos sobre las cuchillas de las tijeras para crear una pequeña "U". Corta con tijeras estos extremos doblados para crear ganchos. Sujeta estos ganchos dentro de los sépalos (las pequeñas hojas verdes que están justo debajo de los pétalos) para que se mantengan en su lugar.

6 Recorta en ángulo el tallo de la rosa a 2.5 cm de largo y empuja un alambre calibre 22 hacia arriba por la base del tallo. Luego usa un alambre floral delgado para agujerar el costado del tallo. Empuja el alambre por el tallo hasta la mitad, de manera que los dos lados del alambre tengan la misma longitud. Dobla cada lado de la rosa a 90°, de modo que ambos tramos queden paralelos al tallo. Tuerce uno de los tallos florales alrededor del tallo de la rosa, el alambre de 22 pulgadas, y el tramo sobrante de alambre floral en un doble trenzado.

7 Enrolla otra tira de cinta alrededor del tallo de la rosa y los alambres. Enrolla la cinta hasta el extremo inferior de los alambres y vuelve a enrollar un poco hacia arriba. Arranca con los dedos la cinta sobrante y precíntala pulcramente.

8 Coloca una de las hojas con alambre contra el costado de la rosa, de modo que la parte superior del tallo de la hoja se nivele con la parte superior del tallo de la flor. Envuelve sólo los alambres juntos con cinta, para que los propios tallos permanezcan separados.

9 Une las otras dos hojas a la flor de la misma manera, y asegúrate de que guarden una distancia uniforme. No cortes el tramo de cinta floral cuando ates la última hoja; lo necesitarás en breve.

10 Poda los alambres de las hojas a distintas longitudes para crear un efecto gradual. Con esto lograrás que, cuando los oprimas contra el alambre de 22 pulgadas, se alineen con facilidad y no formen protuberancias. Luego, recorta el cable de 22 pulgadas a unos 8 cm.

11 Enrolla el cabo suelto de la cinta floral alrededor de los alambres recortados y escalonados y hacia abajo. Tuerce la cinta alrededor de la base del alambre calibre 22 y vuelve a enrollarla un poco hacia arriba.

12 Amasa un poco en tus dedos la cinta de tallo para sellarla bien y arranca o corta cualquier sobrante. Los tallos de alambre deben lucir y sentirse como un tallo liso natural.

13 Para atar la rosa a una chaqueta con ojal, inserta el tallo de alambre por el ojal y ensarta el alfiler por debajo de la solapa para asegurar la rosa.

14 Desde el frente, sólo la rosa y las hojas son visibles; tuerce suavemente las hojas y flor para mostrarlas en su mejor ángulo.

ALTERNATIVA Si la chaqueta no tiene ojal, coloca la rosa sobre el frente de la solapa, inserta el alfiler por la tela, sobre el tallo de alambre, y de nuevo sobre la tela para asegurar la flor.

ATADURA

Si quieres regalar flores, unos cuantos toques profesionales, como atar con destreza, pueden marcar la diferencia entre un sofisticado ramo atado a mano y un flojo y deslucido manojo de flores.

Aunque hayas comprado un simple manojo de flores, vale la pena desenvolverlo y volver a arreglar las flores para que luzcan al máximo.

Los mejores materiales para amarrar un ramo son la hierba marina, la rafia y la cuerda de sisal. Si quieres usar un listón, primero asegura el manojo en su punto de atadura y luego ata el listón alrededor de los tallos.

1 Acuesta las flores y follaje en una banca o mesa y disponlas en un manojo con una vaga forma espiral. Si lo prefieres, puedes acomodarlo como ramo en tu mano (pp. 40-43).

2 Con un trozo de hierba marina (rafia o cuerda de sisal) da dos vueltas alrededor de los tallos sobre el punto de atadura (justo por encima de tu mano).

3 Junta ambos cabos de la rafia y átalos una vez. Luego, repite el procedimiento con cada cabo de la cuerda para crear un nudo llano.

4 Aprieta fuerte el nudo para que quede afianzado y corta los extremos de la cuerda así como los tallos de las flores y follaje para que luzcan bien arreglados.

ENVOLTURA

Siempre es mejor envolver un ramo antes de regalarlo: el papel para envolver ayuda a proteger los delicados pétalos en el traslado y un ramo bien envuelto es un regalo mucho más agradable.

Según el estilo, forma y tamaño de tu ramo y los colores de las flores, elige un pliego de papel para envolver de buen gusto, celofán o un sencillo papel de embalar, elige también un listón que combine con el color predominante de tu ramo.

1 Dobla el papel para envolver a la mitad y con un ligero ángulo (quizá prefieras el estampado por dentro, como aquí). Pon el ramo de flores encima del papel, de modo que su punto de atadura repose sobre el lado doblado.

2 Dobla con cuidado una mitad del papel por sobre el frente de las flores, de modo que la orilla doblada del papel se alinee con el borde exterior del ramo.

3 Rueda el ramo hacia el resto del papel o dobla la otra mitad del papel hacia el ramo, lo que sea más fácil. Una vez que las flores queden rodeadas por la forma cónica creada por el papel, pega ambos lados con un pequeño trozo de cinta adhesiva transparente.

4 Para atar un listón a la base del cono, quizá necesites primero apretar un poco el papel doblado. Luego, da dos vueltas del listón alrededor de los tallos y la base del papel y haz un gran moño con los cabos. Para evitar que el moño luzca asimétrico, tira de los cabos hacia arriba, no hacia abajo, mientras los atas.

APLICA TUS HABILIDADES

Ahora que has aprendido las técnicas básicas para crear un arreglo sencillo en florero, un ramo atado a mano, un arreglo con espuma floral y una flor arreglada con alambre (ilustrados en las páginas 36-51), podrás crear todos los diseños que se muestran aquí.

También tienes los conocimientos esenciales para crear el resto de los arreglos de este libro, cada uno de los cuales utiliza una de estas técnicas básicas como punto de partida.

ARREGLOS EN FLORERO

Aunque todos estos arreglos varían en estilo y apariencia, y cada uno muestra un aspecto distintivo y único, todos contienen los elementos básicos de un arreglo en florero y se ensamblan de manera muy similar.

FLORERO CON GIRASOLES pp. 156–57

RAMOS ATADOS A MANO

Con su acomodo tan preciso de las flores y sus impresionantes tallos en espiral, los arreglos atados a mano pueden ser regalos y ramos de bodas muy llamativos. A todos estos ramos se les ha adaptado según la estación y ocasión.

RAMO DE VERANO pp. 124–25

RAMO DE BODAS INVERNAL p. 201

RAMO DE BODAS VERANIEGO p. 131

ESPUELAS DE CABALLERO Y HORTENSIAS EN AZUL
pp. 144–45

URNA DE ROSAS Y LILAS pp. 104–105

ARREGLO DE FOLLAJE Y CABEZAS DE SEMILLAS
pp. 146–49

RAMO DE BODAS PRIMAVERAL p. 93

RAMO DE OTOÑO pp. 160–61

RAMO VERDE pp. 236–37

RAMO DE INVIERNO pp. 198–99

RAMO DE BODAS OTOÑAL p. 177

RAMO DE PRIMAVERA pp. 82–83

ESPUMA FLORAL

El beneficio de la espuma floral es que se trata de un material muy adaptable para trabajar y permite una amplia gama de arreglos florales creativos. La espuma floral húmeda puede sostener las flores y follaje en ángulos precisos, lo cual la hace ideal para diseños modernos, esculturales e inusuales, así como para arreglos clásicos largos y bajos, multidimensionales y frontales.

ARREGLO VERANIEGO PARA BANCA DE IGLESIA pp. 132–33   CENTRO DE MESA PARA BODA PRIMAVERAL pp. 96–97

ARREGLOS CON ALAMBRE

Para arreglar flores y follaje con alambre se requiere de un trabajo muy preciso, pero el resultado siempre es exquisito. Esta selección de flores para ojal, coronas y arreglos en florero muestran cuán variada y útil puede ser esta técnica.

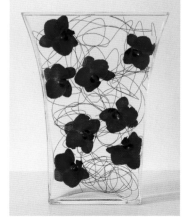

FLOR PARA OJAL DE VERANO URBANO CHIC p. 151   ORQUÍDEAS TAPIZ pp. 240–41   FLOR PARA OJAL OTOÑAL p. 177

DISEÑO VERANIEGO LARGO Y BAJO pp. 114–17

LIRIOS AMARILLOS CON FLORES DE CASTAÑO DE INDIAS pp. 98–99

ARMONÍA DE VERANO pp. 112–13

CENTRO DE MESA VERANIEGO CAMPESTRE pp. 134–35

CANASTA DE CREMA pp. 120–21

ESCULTURA DE CLAVEL pp. 246–47

FLOR PARA OJAL DE INVIERNO p. 201

CORONA DE CAPULLOS DE ROSA pp. 220–23

FLOR PARA OJAL DE VERANO CAMPESTRE p. 131

SECCIÓN DOS
A LO LARGO DEL AÑO

Las flores y follaje de estación lucen al máximo y
duran más cuando se les compra o corta en la estación.
Estos arreglos dan una idea de la maravillosa variedad
de flores que están disponibles a lo largo del año y
cómo usarlas.

JACINTOS EN MARCO DE SAUCE BLANCO

El marco de sauce cubierto de amento en este atractivo arreglo en olla sostiene una masa de cabezas florales de Jacinto mientras se abren y empiezan a pesar sobre sus tallos. Compra los bulbos aún cerrados y acomódalos en un molde para pastel o un recipiente redondo. Este diseño luce de maravilla en una mesa de cocina, comedor o en una mesa de centro baja y debe durar unas tres semanas si rocías cada tercer día.

CÓMO ARREGLARLO

1 Alinea el molde con un trozo de celofán, una bolsa de basura o cualquier otro material no poroso para protegerlo.

2 Llena el molde con abono casi hasta el tope.

3 Dispón los bulbos en el abono y llena los huecos que los rodean con más abono. Deja las puntas de los bulbos sin cubrir, pues esto forma parte del arreglo.

4 Poda los extremos inferiores (no las puntas) de los tallos de sauce blanco, de modo que todos midan unos 40 cm, e introduce los extremos inferiores en el abono a distancias regulares por todo el perímetro del molde.

5 Orienta cada tallo de sauce hacia el centro, átalos con un tramo de cinta o listón y haz un nudo flojo (véase abajo).

6 Pon un poco de musgo alrededor de la orilla del molde y sobre el abono para ocultarlo y luego rocía con agua los bulbos de jacinto.

EL LISTÓN
Si tienes un listón que coincida con el color del molde o los bulbos de jacinto, úsalo para sujetar las puntas de los tallos.

Flores y follaje

↓ 7–11 bulbos de jacinto

2 manojos → de tallos de sauce blanco

↑ musgo

Otros materiales

Molde para pastel (30 cm de diámetro) o cualquier recipiente redondo
Celofán, bolsa de basura, papel aluminio (o cualquier material no poroso)
Abono multipropósito de buena calidad
Tijeras para podar
Cuerda o listón

Posibles sustitutos

Narcisos *tête a tête*, jacintos comosos u otros bulbos (por los bulbos de jacinto); tallos de cornejo (por los tallos de sauce blanco)

BULBOS SUSPENDIDOS

Este marco de tallos de cornejo se adapta al tamaño individual de los bulbos de jacinto, de modo que se sostengan bien de pie y no caigan. (Los bulbos de jacinto y amarilis son los únicos de primavera que pesan lo suficiente para funcionar bien en este arreglo). Si llenas de agua el florero de vez en cuando para que las raíces permanezcan flotando, este arreglo para sala o baño durará al menos tres semanas.

CÓMO ARREGLARLO

1 Poda los retoños laterales de los tallos de cornejo y corta los tallos del mismo tamaño, pero que queden un poco más largos que el ancho del florero.

2 Para el marco acomoda tres tallos en hilera sobre una superficie plana. Si son muy delgados, refuérzalos con más tallos. Cerciórate de que estén distribuidos uniformemente y que no sean más anchos que el jarrón. Coloca otros tres tallos encima, en ángulo recto, para hacer un efecto de sombreado. Debes tener cuatro espacios dentro de los bordes del marco. Asegura cada punta cruzada con una cuerda atada en nudo (véase abajo, izquierda).

3 Llena un tercio del florero con piedrecillas y luego llena con agua hasta el tope.

4 Coloca el marco en el jarrón y un bulbo en uno de los huecos cuadrados. Ajusta el marco alrededor del bulbo, de manera que apriete su base para asegurarla. Coloca de igual manera los otros bulbos en el marco.

Flores y follaje

↑ 4 bulbos de jacinto sin tierra

3 tallos de → cornejo

Otros materiales

Florero cúbico de vidrio (14 x 14 cm)
Tijeras para podar
Cuerda
Piedras negras o grava

Posibles sustitutos

Bulbos de amarilis (por los de jacinto); bambú (por los tallos de cornejo)

MARCO AJUSTABLE
La cuerda atada alrededor de los tallos en cada punto de cruce permite mover un poco cada tallo.

RAÍCES FLOTANTES
Sólo las raíces de los bulbos necesitan flotar en el agua para mantener los jacintos vivos.

TULIPANES EN PECERA

Este hermoso arreglo de tulipanes loro de tallo largo requiere sólo de unas pocas flores y pastos para crear un efecto deslumbrante. El pasto curvo refracta la luz y altera los tonos, suavizándolo cuando se le mira desde diferentes ángulos. Hemos elegido los tulipanes loro franceses por las cabezas grandes y pétalos extravagantes con orillas onduladas; la hierba oso por su maleabilidad, pero puedes usar cualquier tulipán. Este arreglo luce con estilo en un baño, como centro de mesa en una cena o en un entorno contemporáneo, y debe durar al menos una semana (pp. 34-35).

CÓMO ARREGLARLO

1 Llena la pecera con 5 a 6 cm de agua y añade una pastilla desinfectante.

2 Separa los pastos en dos manojos de unos 10 tallos cada uno. Coloca ambos extremos de un manojo en el agua y ondula los tramos dentro de la pecera de modo que se eleven y caigan en forma circular.

3 Inclina la pecera un tercio, agrega un segundo manojo de pasto y crea el mismo efecto giratorio.

4 Corta los extremos de los tulipanes y retira cualquier hoja que pueda tocar el agua o reposar en ella. Dobla suavemente cada tallo para acomodarlo dentro de la pecera; si se siente como si fuera a romperse, masajea con suavidad el tallo con los dedos pulgar e índice, avanzando de la base a la punta, de manera que la flor se incline hacia abajo. Acomoda el tallo entre los pastos, de modo que las cabezas florales reposen unos dos tercios hacia arriba en el costado de la pecera. Acomoda el resto de los tulipanes de manera similar para crear un arreglo multidimensional un tanto vago y azaroso.

CONSEJOS DE EXPERTO

• **Los tulipanes loro franceses** tienden a acumular arena en la base de las hojas, donde se unen al tallo. Enjuaga esta arena con agua corriente para evitar que se arruine al agua clara.

• **Los tulipanes siguen creciendo** después de cortados, unos 2.5 cm cada noche si se les deja en agua, de modo que vale la pena acomodar las cabezas florales un poco más abajo en el florero para compensar este crecimiento adicional.

Flores y follaje

↓ 7-9 tulipanes loro franceses

←1 manojo de hierba oso

Otros materiales

Pecera redonda (25.5 cm de altura)
Pastilla desinfectante
Tijeras de jardín

Posibles sustitutos

Alcatraces u orquídeas Singapur (por los tulipanes);
Pasto de china (por la hierba oso)

TULIPANES EN TAZA

Según la ocasión o el entorno, a veces puede lograse un gran impacto con el arreglo más sencillo. Esta colección pequeña e informal de tazas lisas es perfecta para un adorno de mesa, anaquel de cocina, adornos individuales o una fila en un estante o mesa para fiesta infantil. Elige colores de tulipán que armonicen con el entorno y limita a dos los colores; los tulipanes que son del mismo color, o que armonizan o se complementan mutuamente, logran un efecto visual más poderoso.

CÓMO ARREGLARLAS

1 Limpia muy bien las copas y llénalas a dos terceras partes con agua.

2 Toma con una mano cuatro tallos de tulipán amarillos y cuatro anaranjados. Arranca las hojas que puedan quedar flotando en el agua y corta los extremos de los tallos de modo que las cabezas florales queden justo por arriba del borde de cada taza.

3 Coloca los tallos en una taza y deja que caigan con naturalidad de manera casual. Los costados rectos de las tazas harán que los tulipanes sean fáciles de arreglar. Repite el proceso para las dos tazas restantes. Luego, llénalas de agua hasta justo debajo del borde.

CONSEJO DE EXPERTO

• **Este arreglo funciona mejor** con un mínimo de tres tazas de tulipanes, pero puedes hacer tantas como gustes para llenar el espacio del que dispongas y crear el efecto correcto.

Flores

← 4 tulipanes amarillos por taza

← 4 tulipanes anaranjados por taza

Otros materiales

3 tazas rectas lisas (10 x 7 cm) o cualquier taza lisa o de colores sencillos
Tijeras de jardín

Posibles sustitutos

Ranúnculos, narcisos (o trompones) mixtos

ARREGLO EN MOLDE DE GELATINA

Para crear este exquisito arreglo multidimensional, se llena un molde de cerámica para gelatina, estilo antiguo, con un gran manojo de flores. Se trata de un arreglo saturado cualquiera que sea el tamaño de tu molde; ten presente que entre más grande sea, más flores necesitarás. Lucirá encantador en un jardín invernal, en una cocina campestre, o como un centro de mesa ligeramente perfumado. Debe durar al menos cinco días (pp. 34-35).

CÓMO ARREGLARLO

1 Coloca un tramo de malla dentro del molde (p. 37). No estrujes demasiado el alambre pues los tallos de jacinto no cabrán por los huecos. Llena dos tercios del molde con agua.

2 Si no puedes hallar cuatro variedades de flores, usa tres en mayor cantidad. Primero arregla los jacintos, pues son las flores más grandes y ayudarán a sostener las demás. Inserta una o dos por el centro de la malla y coloca el resto por las orillas del molde.

3 Las campanillas, tulipanes y jacintos comosos lucen mejor si se agrupan en manojos pequeños. Con unos pocos tallos de cada flor, llena los huecos en la malla alrededor de los jacintos, del centro hacia fuera, de modo que se fundan en inyecciones de color que guíen la vista por todo el arreglo.

Flores

30 campanillas →

5 jacintos rosados ↓

↓ 25 tulipanes rosados

30 jacintos comosos →

MOLDES DE GELATINA
Usa moldes de gelatina en varios tamaños para ocasiones diferentes. Por ejemplo, puedes utilizar moldes miniatura para arreglos individuales.

Otros materiales

Molde oblongo para gelatina, bandeja para pay o molde de acero inoxidable (20 cm de diámetro)
Malla de alambre
Tijeras de jardín

Posibles sustitutos

Ranúnculos (por tulipanes); narcisos (por campanillas); fresias (por jacintos comosos)

CUBO BLANCO

Esta composición tonal de flores color crema está dispuesta para que las flores individuales se agrupen en cuatro conjuntos diferentes y lograr un efecto de tablero de ajedrez. Aunque se trata de un arreglo monocromático y multidimensional, su inteligente diseño poco a poco lleva la mirada por las sutiles diferencias en las formas de las flores y los toques de verde y amarillo que se intercalan con los tonos blancos. Las rosas spray de cabeza pequeña son buenas sustitutas de algunas de estas variedades de flor. Este arreglo es adecuado para una mesa de centro, así las flores pueden verse desde arriba. Deberá durar una semana si se mantiene en buenas condiciones (pp. 34-35).

CÓMO ARREGLARLO

1 Junta cada variedad floral en un manojo atado a mano con los tallos rectos, no en espiral: toma dos tallos, añade más flores en ángulo recto, mientras empujas ligeramente el manojo en la misma dirección de tu mano. Cada manojo debe tener más o menos el mismo tamaño, así que usa menos tallos de jacinto de los que usarías, por ejemplo de narciso.

2 Con un trozo de rafia amarra cada manojo por el punto de atadura.

3 Corta los tallos de todas las flores a la misma longitud.

4 Llena de agua dos tercios del florero y acomoda los manojos para que se sostengan de pie y cuelguen un poco de las orillas. No debe haber huecos entre los "cuadrados" de flores. Por último, llena de agua el florero hasta el tope.

CONSEJOS DE EXPERTO

- **Este arreglo puede recrearse** en cualquier tamaño, entre más pequeño sea el recipiente, menos flores necesitarás. Usa un mínimo de cinco tallos de cada flor para lograr el mismo aspecto.

- **Quizá necesites** volver a cortar los tallos de tulipán más a menudo que con otras flores, pues seguirán creciendo después de arregladas.

Flores

30 narcisos → color blanco papel

↓ 25 ranúnculos blancos

25 tulipanes blancos individuales ↓

↓ 15 jacintos blancos

Otros materiales

Florero cúbico blanco (18 x 18 cm)
Rafia
Tijeras de jardín

Posibles sustitutos

Para un arreglo amarillo usa: trompones (por narcisos); fresias (por tulipanes); rosas amarillas individuales (en vez de jacintos); rosas spray amarillas (en vez de ranúnculos)

BULBOS DE NARCISO Y TALLOS DE CORNEJO

Un arreglo multidimensional como éste en una mesa de cocina, repisa de ventana, recibidor o incluso en un baño, es una fabulosa manera de recibir a la primavera y de llevar sus colores vibrantes y frescos al interior de tu casa. El arreglo quizá luzca complicado, pero es bastante fácil de ensamblar. El recipiente rectangular y recto de vidrio es un elemento fundamental del diseño pues dicta su aspecto impactante, gráfico. Cualquier bulbo de primavera funcionará bien. Las flores deben durar hasta dos semanas si compras los bulbos con sus flores aún en capullo y mantienes el abono ligeramente húmedo.

CÓMO ARREGLARLO

1 Cubre el recipiente con un gran pliego de celofán (no tiene que estar liso ni libre de arrugas, pues estará oculto). Llena dos tercios del florero con abono y presiónalo con firmeza. Retira los retoños de los tallos de cornejo, corta la base de cada tallo para que su punta quede plana e inserta los tallos entre el celofán lleno de abono y el costado del florero de modo que queden juntos en línea recta. La presión del abono los mantendrá en su lugar.

Flores y follaje

↓ 3 macetas pequeñas de bulbos de narciso *tête a tête*

↑ musgo

2 manojos → de tallos de cornejo

Otros materiales

Un florero rectangular de vidrio (19 cm de alto, 24 cm de largo)
Celofán
Abono para maceta de buena calidad
Tijeras de jardín

Posibles sustitutos

Cualquier bulbo de la estación (por los bulbos de narciso); bambú (por los tallos de cornejo)

2 Con un par de tijeras recorta los tallos de cornejo al nivel del borde del florero. Coloca más tallos en hilera por los lados restantes y recórtalos.

3 Cerciórate de que los tallos de cornejo se mantengan rectos y bien apretados unos contra otros antes de recortarlos por arriba. No te preocupes si los tallos lucen un poco desiguales cuando los hayas recortado, pues al final podrás cubrirlos con musgo.

4 Retira los bulbos de sus macetas y acomódalos encima del abono. Llena los huecos alrededor de los bulbos con más abono y asiéntalo suavemente con los dedos. Rocía las flores y el abono.

5 Con cuidado, corta el celofán sobrante con las tijeras para que no pueda verse por encima de los tallos de cornejo. Arregla el musgo de modo que cubra por completo el abono y rocía nuevamente a las flores.

CONSEJOS DE EXPERTO

• **Cuando compres bulbos primaverales** en maceta, evita plantas cuyas raíces hayan excedido la base de la maceta, pues suelen tener un crecimiento limitado. Mejor busca plantas con buen follaje verde y sin hojas con puntas cafés o amarillas.

• **Para disfrutar al máximo un arreglo** como este, consérvalo en una habitación fresca, lejos de fuentes de calor, como radiadores, y de la luz directa del sol; así los capullos tardarán en abrir y las flores vivirán más. Un rociado ocasional a las flores y al abono (quizá cada dos a tres días) asegura que el arreglo se mantenga en buenas condiciones el mayor tiempo posible.

FANTASÍA DE PRIMAVERA

Esta vigorosa explosión de color, energía y crecimiento primaverales tiene tres componentes: un manzano de flor (pp. 90-91), un vibrante y colorido arreglo en florero (pp. 36-39) con jacintos y tulipanes rosados dobles, tulipanes rojos dobles, así como bulbos individuales de jacinto en sus macetas originales. El manzano reposa en una bandeja de madera y tiene a su alrededor bolsas de plástico apiñadas para formar la base, de modo que los bulbos de jacinto y el arreglo en florero puedan verse con facilidad.

EFECTO Usar macetas de terracota y madera natural, con los bulbos y flores, produce la sensación de un jardín que florece, mientras los jardineros preparan su herramienta en algún cobertizo.

FORMA Se pretende que sea un arreglo grande y abierto, con detalles interesantes: bajo las ramas arqueadas y perfumadas de un manzano, los bulbos se abren camino por los montículos de musgo que recrean un jardín de césped.

COLOR Aunque el amarillo es el color que se asocia más a menudo con la primavera, hemos elegido flores rosadas para complementar las altas ramas de manzano en la parte posterior del diseño.

ÁRBOL DE NARCISOS

Las nítidas líneas paralelas del florero de cerámica reproducen los tallos rectos del narciso en este agradable arreglo de espuma floral. Sus formas y proporciones también son exactas: los tallos y el florero tienen la misma altura, y los tallos ligeramente separados, fijos en la espuma floral, se reflejan en la suave apertura del florero. Este diseño luce espectacular en una cocina moderna, en una mesa de vestíbulo o en par sobre un mantel, y dura hasta una semana si conservas húmeda la espuma.

Flores

30 narcisos →
color blanco
papel

CÓMO ARREGLARLO

1 Los tallos de narciso son bastante frágiles así que arréglalos con cuidado, como un ramo atado a mano con los tallos rectos (no en espiral). Gira el manojo en la misma dirección cada vez que añadas una flor y coloca los últimos tallos un poco más abajo para dar un efecto abovedado y multidimensional.

2 Ata los tallos con un trozo de rafia justo abajo de las cabezas florales, de modo que no pueda verse (abajo, izquierda). No amarres demasiado fuerte, pues podrías romper los tallos. Corta las puntas de los tallos a la misma longitud.

3 Introduce un pedazo de celofán o material similar en la base del florero para dar a los tallos altura adicional. Coloca el manojo en el florero y mete cubos de espuma floral húmeda alrededor de los tallos para sostenerlos de pie. La parte superior de la espuma debe estar 2.5 cm por debajo del borde del florero. Llena el florero de agua casi hasta el tope y cubre la superficie de la espuma con una capa de conchas.

PUNTO DE ATADURA OCULTO
Este punto de atadura es alto para ocultar la rafia bajo los pétalos.

CONCHAS DECORATIVAS
Las conchas son una manera atractiva de cubrir la desfavorable espuma floral.

Otros materiales

Florero de cerámica de boca
 ancha (25 cm)
Tijeras de jardín
Rafia
Celofán
Espuma floral
Conchas decorativas, grava, arena
 o vidrio de colores

Posibles sustitutos

Trompones

RAMO DE PRIMAVERA

En este ramo de vibrantes flores contrastan los azules y anaranjados y se realzan para que el arreglo cante con intensidad. Si usas jacintos y jacintos comosos de tu jardín, deja los tallos tan largos como sea posible; si son mucho más cortos que los otros tallos, reduce el número de flores y recorta más sus tallos para hacer un ramillete. Si te cuesta trabajo hallar jacintos comosos, puedes usar fresias lila. Este ramo luce sensacional en un florero anaranjado o negro como centro de mesa y también puede ser un precioso regalo para el Día de las Madres. Debe durar al menos una semana (pp. 34-35).

CÓMO ARREGLARLO

1 Divide las diferentes variedades de flores en pilas separadas. Sostén un jacinto con la mano sobre el punto de atadura. El ramo es compacto, así que mantén el punto de atadura un poco más arriba de la mitad del tallo. Añade otra flor en ángulo y, mientras lo haces, gira ligeramente el manojo en tu mano.

2 Añade un tallo de salal y uno de cada variedad de flor (añade los jacintos comosos en grupos de tres para lograr un mejor efecto). Hunde los tulipanes un poco, pues seguirán en crecimiento. Asegúrate de estar satisfecha con el arreglo y luego añade más tallos en el mismo ángulo para crear un efecto de espiral. Mientras trabajas, no dejes de girar ligeramente el manojo en la misma dirección.

3 Acomoda la última capa de flores un poco más abajo por las orillas para darle un aspecto ligeramente abombado.

4 Amarra el manojo con un tramo de rafia o cuerda y asegura con un nudo.

5 Recorta los tallos en ángulo para que queden más o menos con la misma longitud y todos puedan reposar en agua. Si vas a regalar el ramo, colócalo en agua fresca hasta que lo necesites y luego envuélvelo en papel y átalo con un listón (pp. 54-55) para entregarlo.

Flores y follaje

↓ 15 tulipanes anaranjados dobles

15 jacintos → azules

↓ 15 ranúnculos anaranjados

↓ 15 tallos de salal

← 30 jacintos comosos azules

Otros materiales

Tijeras de jardín
Rafia o cuerda de sisal

Posibles sustitutos

Fresias lilas (en lugar de los jacintos grape); rusco o pitósporo japonés (en vez del salal)

COLORES CONTRASTANTES
Aunque estas flores anaranjadas y azules (o moradas) pueden variar en color y tono, se realzan entre sí cuando se las congrega. Esto se debe a que se encuentran en extremos opuestos del círculo cromático.

RANÚNCULOS FLOTANTES

El estilo sencillo y contenido de este arreglo en florero captura la esencia y la complejidad de la naturaleza en una forma destilada, aunque la longitud un tanto azarosa de los tallos le da un toque de informalidad. Para este diseño, lo mejor es un florero cúbico de vidrio pues impone automáticamente un elemento de uniformidad y orden, aunque una pecera redonda pequeña sería una alternativa atractiva. Este arreglo conciso y cuidado dará un foco de estilo a tu alcoba, sala o cocina, o sobre un mantel o comedor. Durará una semana si mantienes las flores en buenas condiciones.

CÓMO ARREGLARLO

1 Llena de agua la mitad del florero y añade una pastilla desinfectante. Para hacer una rejilla sobre el florero, coloca tiras de cinta adhesiva, con más o menos 1.5 cm de distancia entre ellas a lo largo y ancho. Los huecos de esta rejilla no deben ser tan pequeños como para impedir insertar los tallos ni tan grandes como para que las flores se caigan.

Flores

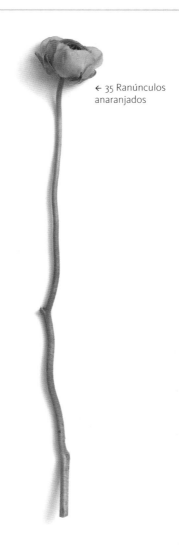

← 35 Ranúnculos anaranjados

Otros materiales

Florero rectangular de vidrio
  (19 cm de alto, 24 cm de largo)
Pastilla desinfectante
Cinta adhesiva
Tijeras de jardín
Cúter

Posibles sustitutos

Rosas blancas o amapolas de
  Islandia blancas o amarillas

2 Oprime la cinta contra las orillas del florero para asegurarla bien y corta el sobrante con un cúter, así la rejilla parece invisible.

CONSEJO DE EXPERTO

• **Los ranúnculos tienen muchos capullos similares** que crecen en tallos cortos a lo largo del tallo principal. Recicla estos retoños en un manojo informal, recorta las puntas de los tallos para que todos midan lo mismo y acomódalos en un pequeño florero cuadrado de vidrio que puedas colocar cerca del arreglo principal. Esto le añadirá interés.

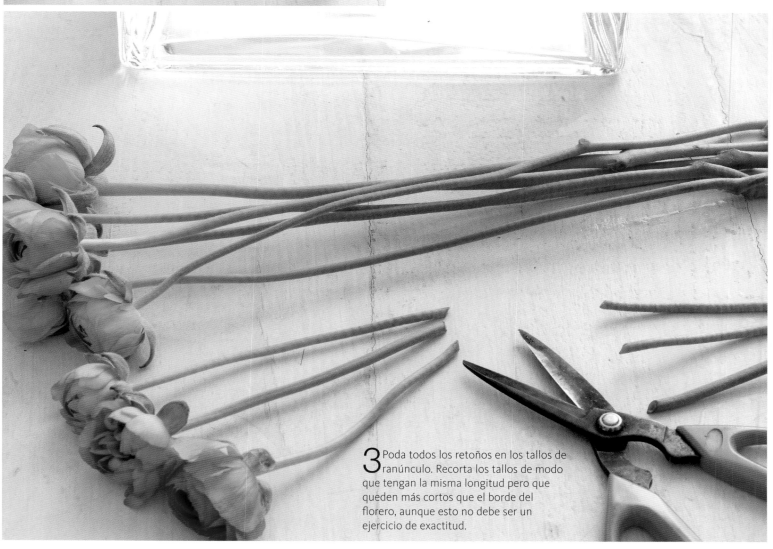

3 Poda todos los retoños en los tallos de ranúnculo. Recorta los tallos de modo que tengan la misma longitud pero que queden más cortos que el borde del florero, aunque esto no debe ser un ejercicio de exactitud.

4 Según el tamaño de las cabezas florales, coloca uno o dos ranúnculos en cada agujero de la rejilla.

5 Cuando hayas puesto todas las flores, revisa y, si es necesario, cubre algún espacio con una flor adicional para ocultar la rejilla de cinta adhesiva, y así producir la ilusión de las flores suspendidas en el aire. Cerciórate de que las puntas de todos los tallos reposen en el agua y rellena el florero si es necesario.

ÁRBOL DE FLORES DE CEREZO EN FLORERO

La belleza de la naturaleza, estilizada con tanta delicadeza en las pinturas japonesas, es la inspiración de esta celebración asombrosa aunque sencilla de la primavera: un arreglo frontal en florero que luce como un árbol floreciente. No hay reglas, de modo que la meta es hacerlo lucir lo más natural posible. Las flores de cerezo pueden tener muchas ramas, así que sólo necesitarás unas pocas con la flor aún en capullo. Luce bien en el piso de un vestíbulo grande y espacioso, en una sala, porche o recibidor blancos y debe durar una semana (pp. 34-35). Si te sobran materiales, arréglalos en un florero pequeño en una versión reducida del arreglo.

CÓMO ARREGLARLO

1 Trata las ramas como flores de tallo leñoso: recorta los tallos (p. 32) y déjalos en una cubeta de agua por una hora antes de arreglarlos.

2 Envuelve por completo un florero cilíndrico de base pesada con tiras de corteza (que pueden adquirirse en viveros o con un buen florista). Ata la corteza al florero con cuerda de alga y afiánzala con un nudo. Llena el florero de agua.

3 Vuelve a recortar los tallos unos 2.5 cm, mientras más agua puedan absorber estas ramas, más durarán. Para mantener las proporciones correctas, la altura de los trozos de tallo deberá duplicar o triplicar la del florero.

4 Coloca una rama en el florero y déjala caer de manera natural en ángulo. Acomoda otra rama de manera que simule la forma de la primera rama. Agrega una tercera rama en el centro, de manera que se incline ligeramente hacia delante para producir un efecto tridimensional.

5 Añade algunos tallos un poco más altos para equilibrar las ramas arregladas. El objetivo es lograr una mezcla equilibrada de ramas y flores con aire entre ellas.

MATERIALES NATURALES
La corteza, un útil recurso para cubrir los recipientes y floreros, tiene una textura maravillosa, al igual que cuerdas como la de alga.

Flores y cubierta

← 5 ramas de flor de cerezo

← tiras de corteza

Otros materiales

Florero cilíndrico (61 cm de alto) o una cubeta de jardín galvanizada con malla de alambre en su interior
Tijeras de podar
Cuerda de alga o de sisal o mecate
Posibles sustitutos

Ramas de magnolias en capullo (por las ramas de flor de cerezo); yute (por las tiras de corteza)

BODA DE PRIMAVERA

Con sus colores alegres y animados que prometen días luminosos, las flores de primavera son perfectas para estos arreglos de boda, clásicos aunque casuales. Acondiciónalos muy bien antes de arreglarlos (pp. 32-33) y manténlos humedecidos, o en agua, hasta el último minuto (seca los tallos del ramo con un trapo para que no arruine el vestido de la novia).

ARREGLO PARA OJAL
7 lirios del valle
3 hojas de lirios del valle

RAMO
10 fresias amarillas
10 rosas guelder cultivadas
7 rosas spray color crema
10 tulipanes loro color crema

BANCA DE IGLESIA
15 tulipanes loro color crema
15 tulipanes color crema

CENTRO DE MESA
Selección de flores amarillas de primavera: coronas imperiales, tulipanes, fresias y trompones, según tus preferencias personales; musgos plagiothecium undulatum y leucobryum glaucum.

← lirio del valle

← rosas guelder cultivadas

← fresias amarillas

rosas → spray color crema

← tulipanes color crema

← tulipanes amarillos

tulipanes → loro color crema

← musgo plagiothecium undulatum

ARREGLO PARA OJAL

Las delicadas flores del lirio del valle, de dulce aroma, son una opción inusual pero atractiva en un arreglo para ojal. Este arreglo es sencillo pues no se necesita cubrir con alambre los tallos.

1 Da a las flores abundante agua el día anterior y luego poda todas las hojas y junta siete tallos de lirio del valle en un mini espiral de flores.

2 Añade un par de hojas por el dorso del ojal, dobla una tercera hoja a la mitad y colócala en el frente del arreglo.

3 Asegura el arreglo con un trozo de rafia con nudo limpio y colócale un alfiler de perla para insertarlo en la solapa de la chaqueta.

RAMO

Este precioso ramo color crema, amarillo y verde necesita ser un poco más redondo y abombado que un ramo normal.

1 Divide las diferentes flores en pilas separadas. Sostén un tallo en la mano y añade otra variedad de flor. Al hacerlo, gira ligeramente el manojo en tu mano.

2 Añade más tallos en el mismo ángulo para crear un efecto en espiral. Mientras trabajas, sigue girando el manojo en la misma dirección. Añade una flor de cada tipo hasta que hayas incluido todas y logres un aspecto equilibrado. Hunde un poco los tulipanes si haces el arreglo un día antes de usarlo.

3 Acomoda las dos últimas capas de flores un poco más abajo alrededor de las orillas para obtener un efecto abovedado.

4 Ata el manojo con rafia o cuerda. Cubre la rafia con un largo tramo de listón color crema, enrollado alrededor de los tallos y atado con nudo. Recorta rectas las puntas de los tallos con las tijeras de podar.

BANCA DE IGLESIA

Como los tulipanes siguen creciendo después de cortados, pueden hacer que un arreglo luzca un tanto desordenado en una sola noche; lo mejor es arreglar estas flores el día de la boda.

1 Quita la mayoría de las hojas a los tallos y deja sólo unas pocas para añadir color e interés, poda las hojas que estén por caer. Acomoda los tallos de tulipán en espiral (pp. 40-43), de modo que te quede de frente y luego coloca las flores de atrás a una altura un poco mayor.

2 Ata el manojo con rafia o cuerda.

3 Da un par de vueltas con un alambre fuerte alrededor de los tallos encima de la rafia. Ata los cabos por la parte superior del arreglo para asegurar el manojo.

4 Cubre el punto de atadura de la rafia/alambre con un listón de color crema y remátalo con un moño.

CENTRO DE MESA

Cuando hayas dispuesto tu selección de flores, acomoda los
diversos recipientes con un trazo circular o lineal, según el
tamaño de la mesa. Haz arreglos más pequeños
de sólo unos tres recipientes para
otras mesas.

1 Selecciona los recipientes que quieras usar y, los que no sean herméticos, revístelos con un pliego de celofán o un pedazo de bolsa de plástico.

2 Coloca una barra de espuma floral remojada en el centro de cada recipiente. Si usas celofán, recorta sus orillas para que se nivele con la boca del recipiente.

3 Acomoda los tulipanes y las fresias en la espuma: corta las hojas inferiores y los retoños (resérvalos para un arreglo en florero pequeño) y recorta los tallos. Inserta un tallo en el centro de la espuma y luego otro, partiendo del centro hacia fuera con una ligera inclinación.

4 Cubre con musgo los huecos entre las flores. Dispón los trompones y los brotes de capullo en floreros transparentes, y utiliza musgo leucubryum sólo en las macetas más pequeñas.

LIRIOS AMARILLOS CON CASTAÑO DE INDIAS

Este arreglo multidimensional de primavera en espuma floral presenta lirios amarillos cortados de jardín. Sus tallos se han recortado bastante, de modo que florezcan bajo un dosel de hojas de castaño de Indias y juntos representen la escala y diversidad de la naturaleza. Elige un florero o recipiente opaco, delgado y aerodinámico para crear el aspecto correcto, y elige capullos a medio abrir y tallos de castaño de Indias con las hojas en brote. Coloca el arreglo sobre un estante o una repisa de chimenea en una habitación clara y espaciosa para obtener el mayor impacto. Las flores deberán durar siete días si las mantienes en buenas condiciones (pp. 34-35).

CÓMO ARREGLARLO

1 Remoja dos barras de espuma floral y córtalas en trozos para que quepan bien en el florero.

2 Inserta una línea recta de tallos de castaño de Indias, de diversas alturas, en la espuma por el centro del florero.

3 Poda los tallos de lirio de modo que queden muy cortos (de unos 8 cm) e introdúcelos en una línea adelante y atrás de los tallos de castaño de Indias, de manera que las cabezas florales sobresalgan del cuello del florero. Coloca el florero en su lugar y llénalo de agua.

CONSEJO DE EXPERTO

• **Los tallos de castaño de Indias duran varias semanas**, así que cambia los lirios cada vez que se marchiten. Cambia el agua cada pocos días colocando el florero de pie sobre un escurridor y dejando correr el agua para drenar el agua vieja y estancada.

Flores y follaje

← 30 lirios amarillos

← 9 tallos de castaño de Indias

Otros materiales

Florero delgado, rectangular, opaco (7.5 de profundidad, 40 cm de altura)
Espuma floral
Tijeras de jardín

Posibles sustitutos

Iris comunes, tulipanes o trompones (por los lirios amarillos); varas de abedul o ramas de magnolia (por los tallos de castaño de Indias)

PECERA DE LIRIOS

Este nítido arreglo de lirios morados es un diseño cautivador y delicioso que dará vida a cualquier mesa de centro o comedor circular. El punto de atadura del ramo es más bajo de lo habitual, para que los tallos altos del lirio y sus coloridas cabezas florales estallen dramáticamente por los lados de la pecera. Los tallos verdes de cornejo son frescos, maleables y se les encorva dentro de la pecera para añadir definición a sus contornos ondulados. Este arreglo multidimensional debe durar una semana (pp. 34-35).

CÓMO ARREGLARLO

1 Corta los retoños de los tallos de cornejo.

2 Llena la pecera con agua (5 a 6 cm) y añade una pastilla desinfectante.

3 Elige cornejo fresco, en germinación, pues los tallos son más maleables. Mete en el agua la punta de un tallo y encórvalo por todo lo largo hasta la parte más amplia de la pecera. Gira la pecera y acomoda otro, reproduciendo la misma curva. Sigue girando la pecera, amasa y añade el resto de los tallos en un patrón lineal para que no luzcan desordenados.

4 Dispón los lirios en un ramo espiral atado a mano con un punto de atadura bajo, pues el cuello de la pecera lo sostendrá. Sostén un lirio con la mano y añade otro en ángulo. Añade más tallos para crear un efecto de espiral y continúa trabajando en la misma dirección. Acomoda las últimas flores un poco más abajo por las orillas para crear un efecto ligeramente abovedado.

5 Ata el manojo con alambre verde y grueso de aluminio (ver adelante) y acomódalo de pie en el centro de la pecera.

Flores y follaje

← hasta 10 tallos de cornejo verdes

↓ 3 manojos de lirios de tallo largo

PUNTO DE ATADURA FIRME
Como el punto de atadura es tan bajo y el manojo pesado, da varias vueltas de alambre para mantener los tallos bien firmes en su lugar.

Otros materiales

Pecera (25.5 cm de alto)
Tijeras de florista
Pastillas desinfectantes
Alambre de aluminio grueso verde

Posibles sustitutos

Gerberas o narcisos de color blanco crema (por los lirios); tallos de sauce llorón amarillo (por los tallos de cornejo)

JARRA VERANIEGA DE LILAS

Este sencillo arreglo en jarra capta la exuberante abundancia de los primeros meses del verano. Las flores se arreglan como un ramo en espiral pero sin atar, lo que las haría lucir apretadas. En cambio, se las coloca en la jarra para que caigan con naturalidad en un arreglo holgado, como recién cortadas del jardín. Cualquier flor de jardín funciona bien en este diseño y luce adorable sobre una mesa redonda, durante una reunión al aire libre, o en una cocina o jardín. Debe durar por lo menos cinco días.

CÓMO ARREGLARLO

1 Acomoda las diferentes flores en pilas separadas (al euforbio y al pie de león se les trata como flores en este arreglo). Sostén el tallo de una flor en la mano, añade otra variedad en el punto de atadura y gira ligeramente el ramo sobre tu mano mientras procedes.

2 Añade las flores de manera alternada en el mismo ángulo para crear un efecto en espiral, gira el ramo en la misma dirección.

3 Si estás satisfecha con el arreglo, añade el resto de las flores y acomoda la última capa en un ángulo más agudo para que las cabezas florales queden más abajo, por las orillas, y formen un efecto abovedado.

4 Mientras sostienes el manojo con una mano, corta los tallos en ángulo a la misma longitud. Coloca las flores en la jarra y acomódalas, de ser necesario, para formar un diseño multidimensional. Llena la jarra de agua casi hasta el tope.

Flores

← 7 lilas con tallo

↓ 6 pies de león

↓ 5 euforbios comunes

↓ 12 lavandas francesas

7 ageratos →

← 5 lilas

Otros materiales

Jarra esmaltada (21 cm de alto)
Tijeras de florista

Posibles sustitutos

Antirrhinums (por las lilas con tallo); rosas spray (por ageratos); flox (por las lilas); margaritas (por lavandas francesas); rosas cultivadas guelder (en vez de euforbio); eucaliptos (por pie de león)

FOLLAJE A MANERA DE FLORES
Ciertos tipos de follaje, como el pie de león, tienen un color y forma tan atractivos que pueden usarse como flores y presentarse así en un arreglo.

URNA DE ROSAS Y LILAS

Este impresionante arreglo frontal aparenta gran diversidad de flores en colores y formas suaves, aunque mucha de la sustancia la crea el follaje arreglado con todo cuidado, un poderoso marco visual para las flores. No es de enormes proporciones (florero y flores alcanzan unos 87 cm), pero necesitarás una urna grande, sólida y hermética para equilibrar el arreglo y lograr el efecto visual correcto. Este diseño luce bien tanto en una sala sencilla, blanca y minimalista como en un gran vestíbulo o como centro de mesa en una fiesta de bufet. Durará hasta siete días si mantienes las flores y el follaje en buenas condiciones (pp. 34-35).

CÓMO ARREGLARLO

1 Recubre la urna de vidrio con las hojas de costilla de Adán y coloca un trozo de malla de alambre dentro del borde. Llena dos tercios de la urna con agua y añade una pastilla desinfectante.

2 Agrupa las flores y follaje en manojos separados y forma un marco de follaje (p. 37) con los tallos de hoja blanca y duraznillo.

3 Arregla primero las flores de tonos más oscuros, como la alstroemeria y las lilas, de modo que sepas dónde colocar mejor las rosas rosadas y alhelíes, más dominantes. Coloca las lilas por los costados y en el centro para que cuelguen de manera atractiva. Luego añade las rosas y alhelíes. Gira el florero y revisa su perfil y asegúrate de lograr una forma frontal escalonada. Cuando hayas colocado todas las flores y follaje, llena el florero de agua.

Flores y follaje

← 5 alstroemeria

← 7 rosas spray rosa pálido

↓ 6 tallos de rosa guelder cultivada

5 lilas → con tallo

6 lilas → rosa oscuro

3 tallos → de hoja blanca

5 tallos de duraznillo →

← 2 hojas de costilla de Adán

TALLOS OCULTOS
Dos hojas de costilla de Adán recubren este florero transparente para ocultar la mayor parte de los tallos. También transforman la urna con su exuberante color verde que resalta bellamente las flores y el follaje.

Otros materiales

Urna o florero de boca ancha de vidrio u opaco (46 cm de alto)
Malla de alambre
Pastilla desinfectante
Tijeras de florista

Posibles sustitutos

Lisianthus (por las rosas spray); antirrhinums (por los alhelíes)

ROSAL TOPIARIO

La contenida elegancia de este arreglo de rosas spray en espuma floral se debe en gran parte a sus pocos ingredientes, otro ejemplo de un conjunto de una sola variedad floral que logra un vistoso arreglo. Las proporciones del diseño están creadas para que el recipiente sea un poco más alto que los tallos y que éstos sean más largos que la bola de rosas. Las bolas de espuma floral se venden en varios tamaños y, aunque este arreglo se ha hecho con la más pequeña del mercado, puede recrearse en una escala mucho mayor. Este hermoso arreglo lucirá bien sobre un escritorio en un estudio, biblioteca, una mesa de recibidor o una mesita auxiliar de alcoba. Necesita rociarse cada tercer día para conservar las flores frescas y deberá durar de cuatro a cinco días.

Flores y follaje

← 1 manojo de varas de abedul

← 15 rosas spray "Mimi Edén" tanto abiertas como en capullo

↓ musgo

CÓMO ARREGLARLO

1 Ata bien el manojo de varas con un tramo de rafia a unos 10 a 12 cm desde la base del manojo. Ata los extremos de los tallos con otro trozo de rafia. Corta las puntas ramificadas de las varas de abedul justo por encima de la atadura superior del manojo.

Otros materiales

Urna opaca (20 cm de alto)
Rafia
Tijeras de florista
Celofán
1 barra de espuma floral
1 bola pequeña de espuma floral

Posibles sustitutos

Claveles spray (por las rosas spray); bambú (por las varas de abedul)

2 Si la urna no es hermética, recúbrela con un pliego de celofán. Coloca un cuadro húmedo de espuma floral, cortado a la medida, dentro de la urna.

3 Inserta la punta de los tallos en la bola de espuma y luego la base de los tallos en el cuadro de espuma que está en la urna. Corta la rafia superior, bajo la bola de espuma, pero conserva la inferior.

4 Recorta los tallos de los capullos y rosas hasta que midan 5 cm. Junta dos o tres cabezas de rosa e introdúcelas en la bola de espuma. Llena los espacios entre ellas con capullos. Continúa hasta que la bola quede cubierta.

CONSEJOS DE EXPERTO

• **Si te agrada la idea** de convertir la bola de rosas en un arreglo colgante (como los de las frutas aromáticas), inserta un tramo de alambre por el centro de la bola humeda, ata un extremo del alambre alrededor de un ramo pequeño y corto para afianzarlo bien y haz un bucle con el otro extremo para colgar la bola (p. 244). Cubre la bola con rosas o peonias y cuélgalo de una rama saliente, cerca o por arriba de una mesa arreglada para almuerzo en el jardín.

• **El musgo debe durar bien** en un arreglo como éste, sobre todo si lo rocías al humedecer las rosas. Si el musgo comienza a decolorarse, ponlo en un tazón, viértele agua hirviendo para revivirlo y reacomódalo sobre la espuma floral.

5 Recorta el celofán de modo que se nivele con el borde de la urna y cubre con musgo la espuma floral y el celofán para que ambos queden ocultos.

ARMONÍA DE VERANO

Un arreglo frontal tradicional como éste, necesita ser rígido y estructurado; suele lucir mejor si tiene un estilo informal que no se equilibre del todo. Las hortensias color berenjena y las verónicas y campanillas morado intenso contrastan bellamente con las rosas y dedaleras pálidas. Dispuestas contra un fondo de ondulado y muy verde follaje de forsitia, forman un lujoso arreglo que luce igual de impresionante en una carpa de fiesta, un largo vestíbulo o una iglesia. Las flores durarán hasta cinco días si las rocías a menudo y mantienes húmeda la espuma floral.

CÓMO ARREGLARLO

1 Recorta las barras de espuma floral húmeda y ponlas dentro de un recipiente. Pega la espuma al recipiente con cinta floral.

2 Como se trata de un arreglo frontal, coloca los tallos más altos de forsitia en la parte central trasera. Disponlas en ángulo para que se inclinen ligeramente hacia atrás. Luego coloca tallos más cortos con un ángulo que apunte hacia arriba a cada lado de la espuma (p. 45), y tallos aún más cortos en la parte central delantera. Añade el resto de las forsitias alrededor de este marco para crear una figura holgada y triangular.

3 Coloca las tres cabezas de hortensia cerca de la parte frontal del arreglo y luego añade las rosas tanto individuales como spray. Juntas estas flores deben brindar un equilibrio de forma y color en todo el arreglo.

4 A continuación, acomoda las dedaleras en grupos cerca de la parte trasera del arreglo para brindarle altura adicional.

5 Coloca las campanillas y verónicas al final y úsalas para llenar cualquier hueco obvio y equilibrar el esquema de color.

Flores y follaje

↓ 6 verónicas moradas

← 7 dedaleras rosa pálido

↓ 9 rosas individuales rosa pálido

10 campanillas moradas →

← 3 rosas spray rosa pálido

↑ 3 hortensias color berenjena

← 12 tallos de forsitia

FORMAS FLORALES
Este arreglo combina diferentes formas florales con efectividad: las formas grandes, suaves y abovedadas se equilibran con las altas agujas y lanzas.

Otros materiales

Tazón de plástico de lados anchos, redondo o cuadrado
2 barras de espuma floral
Cinta floral
Cúter
Tijeras de florista

Posibles sustitutos

Delphiniums (por las dedaleras), alhelíes (por las verónicas), peonias (por las hortensias), aligustres (por las forsitias)

DISEÑO VERANIEGO LARGO Y BAJO

Un arreglo largo y bajo no es algo que hagamos tan a menudo, pero tiene su lugar: es una manera clásica de mostrar hermosas flores frescas en un entorno tradicional o en una cena formal. Este diseño podría funcionar igualmente bien sobre una mesa de centro baja o en el centro de una sala de juntas. La ventaja de este arreglo es que todo el mundo puede ver las flores desde arriba. Si rocías las flores cada tercer día y mantienes la espuma húmeda, deberá durar cuatro o cinco días.

Flores y follaje

← 6 flores de zanahoria silvestre

← 7 rosas 'aqua' individuales

↓ 1 duraznillo de jardín (cortado en ramilletes pequeños con tallos cortos)

↓ 7 rosas spray rosadas

← 6 astrancias

6 pies de león → (cortado en ramilletes pequeños con tallos cortos)

6 tallos de salal →

CÓMO ARREGLARLO

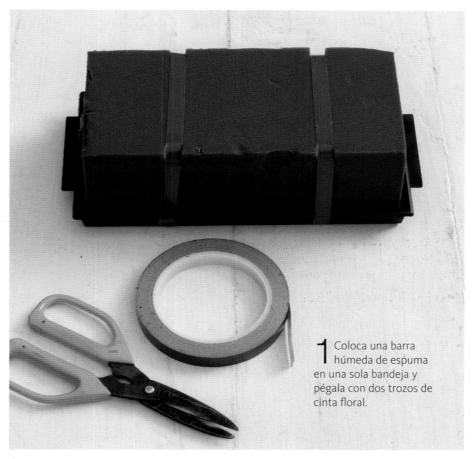

1 Coloca una barra húmeda de espuma en una sola bandeja y pégala con dos trozos de cinta floral.

Otros materiales

Barra de espuma floral y bandeja de plástico individual
Cinta floral
Tijeras de florista

Posibles sustitutos

Flor de la viuda (por la flor de zanahoria); fresias (por las rosas spray); peonias (por las rosas individuales)

2 Fija la altura, longitud y anchura del arreglo con los primeros tallos de duraznillo. Inserta un tallo en ángulo a cada lado de la espuma y acomoda tres tallos a lo largo de la parte superior para crear el esqueleto y columna.

3 Aumenta la figura básica con el salal y más tallos de duraznillo.

4 Coloca los tallos del follaje restante en ángulos similares para crear un marco verde de contornos suaves dentro del cual colocar las flores.

5 Acomoda las rosas grandes. Coloca la primera rosa en el centro para calcular la altura correcta y luego dispón el resto alternadamente a ambos lados de la columna central y alrededor de los costados. Recorta los tallos hasta unos 7 a 10 cm.

6 Coloca las rosas spray y asegúrate de mantener un equilibrio visual uniforme en relación con las rosas grandes y el follaje.

7 Añade la oscura flor de zanahoria y las flores de astrancia y llena las áreas donde aún haya huecos.

8 Añade los ramilletes de pie de león al final para cubrir cualquier espacio obvio y equilibrar la forma y color del arreglo. Agrega unos cuantos pies de león y tallos de salal si aún es visible la espuma.

FORMA Y TEXTURA
Aunque ambas son de color rosado, las astrancias, pequeñas y
puntiagudas, se colocaron aquí junto a las rosas, aterciopeladas y
de lisos pétalos, para acentuar sus diferencias en forma y textura.

CANASTA DE CREMA

La mezcla de delicadas flores blancas y rosas color crema en este diseño multidimensional combina a la perfección con el color de la canasta esmaltada oval. Juntas crean un adorno precioso, ligero y fresco que produce su mejor efecto como centro de una larga mesa de caballete preparada para un almuerzo o cena en el jardín, o sobre una mesa baja en interiores. El arreglo durará hasta siete días si rocías las flores de manera regular para mantenerlas frescas y te aseguras de que la espuma floral permanezca mojada.

CÓMO ARREGLARLO

1 Coloca una o dos barras de espuma floral húmeda dentro de la canasta. Si el recipiente no es hermético, pega la barra a una bandeja de plástico antes de colocarla en posición. La espuma debe reposar a más o menos 2.5 cm sobre el borde del recipiente, de modo que puedas inclinar hacia abajo y hacia arriba los tallos más bajos para cubrir el borde de la canasta y formar un efecto abovedado en la parte superior. Esto ayuda a dar un efecto unificado al arreglo floral y al recipiente.

2 Recorta los tallos de pie de león y hojas de hosta, de modo que tengan más o menos el doble de la altura de la canasta, e insértalos en ángulo dentro de la espuma (p. 45).

3 A continuación añade los alhelíes, pues son bastante arquitectónicos y ayudarán a crear la forma completa del arreglo. Distribuye los alhelíes uniformemente por todo el marco de follaje.

4 Agrega las rosas y, por último, las margaritas, pues tienen los tallos más delicados. Acomoda estos tallos un poco más arriba que los otros para romper el contorno abombado del arreglo y suavizarlo un poco.

Flores y follaje

← 5 sellos de Salomón blancos

← 3 alhelíes color crema

← 3 alhelíes blancos

↓ 2 tallos largos de pie de león (cortados en ramilletes con tallos más pequeños)

8 margaritas →

6 rosas → vendela color crema

↑ 6 rosas alba blancas

↓ 10 pies de león

7 hojas → de hosta

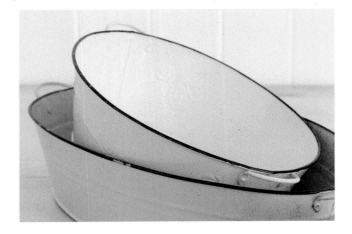

CANASTAS OVALES
Busca diferentes tamaños de estas útiles canastas ovales para que se adecuen a diferentes lugares. También funcionan bien con bulbos a la manera de los arreglos de primavera.

Otros materiales

Canasta (30 cm de largo)
1-2 barras de espuma floral (bandeja de plástico y cinta floral opcionales) o malla de alambre
Tijeras de florista
Posibles sustitutos

Verónicas (por alhelíes); peonias (por rosas); rosas spray (por margaritas)

PASTELILLOS FLORALES

El propósito de este diseño es recrear una dulce confección rosada que luzca casi como un pastel de bodas de tres pisos. Será un delicioso punto focal como centro de mesa durante una fiesta veraniega, comida o despedida de soltera al aire libre, *baby shower* o incluso un bautizo y, por supuesto, el color y la variedad de flores pueden cambiar según el motivo de la celebración. Si no tienes una base metálica para pastelillos como ésta, utiliza una base de vidrio o cerámica para pastel de varios pisos y acomoda un par de tallos de hiedra trepadora alrededor del tronco del asa o la base. Las flores sobrantes pueden arreglarse en tazas bonitas y usarse como piezas individuales en una mesa. Las flores deben durar al menos cinco días si las mantieness en buenas condiciones (pp. 34-35).

CÓMO ARREGLARLO

1 Para cubrir el tronco central de la base, corta una barra de espuma floral húmeda en trozos que quepan entre los niveles de la base. Corta cada uno por la mitad, coloca ambas mitades en los lados del tronco y júntalas. Si es necesario, únelas con cinta floral. Sujeta con alfileres trozos de musgo plagiothecium sobre la espuma para ocultarla y luego envuelve la espuma cubierta de musgo con los tallos de hiedra (ver más adelante).

2 Llena a la mitad cada veladora con agua. Recorta los tallos de modo que las cabezas florales apenas sobresalgan del borde de cada veladora. Arregla suficientes flores como para cubrir la base entera. (Los números nones lucen mejor).

3 Acomoda las flores en veladoras al azar sobre la base. No te preocupes por poner flores grandes en el piso inferior y las más pequeñas en el superior, pues este arreglo multidimensional, entre más orgánico, mejor lucirá.

BASE DECORADA
El asa que recorre el centro de esta base para pastel de varios pisos está cubierta con espuma floral, musgo y hiedra para formar un telón de fondo verde y texturizado para las flores individuales.

Flores y follaje

↓ 2 hortensias rosadas grandes cortadas en 11 pequeñas cabezas florales

↓ 11 rosas individuales color rosa pálido

↓ 11 peonias rosadas

↑ musgo plagiothecium undulatum

↑ 4 tallos de hiedra trepadora

Otros materiales

Base para pastel
1 veladora por cabeza floral (alrededor de 33 veladoras)
1 barra de espuma floral
Cúter
Cinta floral
Alfileres
Tijeras de florista

Posibles sustitutos

Guisantes de olor (para remplazar cualquiera de las flores). Usa tres tallos por cada veladora.

RAMO DE VERANO

Este ramo grande y exuberante captura la deliciosa variedad y belleza de un fragante jardín veraniego. Al igual que con todos los ramos atados a mano, es importante crear un efecto abovedado, sin embargo esta colección lucirá mejor si se le combina de manera un tanto más holgada y azarosa para recrear la sensación de una cama de flores completa. Esto lo convierte en un maravilloso regalo de agradecimiento o de cumpleaños, y debe durar cerca de siete días si mantienes las flores en buenas condiciones.

CÓMO ARREGLARLO

1 Agrupa las diferentes flores y follaje en pilas separadas. Elige una flor dominante, como una rosa o peonia, y sostén su tallo con una mano. Toma una flor de otra variedad y gira ligeramente el manojo en la mano.

2 Añade una flor y follaje de cada variedad en el mismo ángulo para crear un efecto de espiral y gira el manojo en la misma dirección mientras procedes. Deja que la alargada punta de la hierba de la moneda se extienda más allá del contorno curvo del arreglo para que rompa un poco. Cerciórate que las flores se extienden uniformemente por todo el arreglo.

3 Continúa añadiendo cada uno de los diversos tallos en el mismo ángulo y acomoda los últimos en un ángulo más bajo para crear un efecto abovedado.

4 Lía el arreglo por el punto de atadura con mecate y afiánzalo con un nudo.

5 Recorta la punta de los tallos en ángulo para que tengan más o menos la misma longitud y puedan reposar en agua. Pon el ramo en agua fresca hasta que vayas a regalarlo.

Flores y follaje

5 tallos de → menta verde con flores

↓ 10 pies de león

8 rosas → color salmón individuales

← 8-9 hierbas de la moneda

5 peonias → rosa pálido

↓ 5 tallos de salal

5 tallos de senecio →

← 10 guisantes de olor mixtos

Otros materiales

Mecate o cuerda de sisal
Tijeras de florista

Posibles sustitutos

Hortensias de cabeza pequeña (por peonias); verónicas (por hierba de la moneda); eucalipto (por salal); hierbas de verano (por senecio)

FLORES DEL JARDÍN EN VERANO
Los detalles dan el realce a la delicada naturaleza del guisante de
olor y los pétalos de peonía. Su atractiva fragilidad es acentuada
por el senecio velloso verde, la hierbabuena y el pie de león.

FANTASÍA DE VERANO

Un buen diseño de contorno herbáceo puede crear orden y harmonía en un conjunto de plantas en forma, altura y color desiguales. Esta contención creativa de diversidad y complejidad de la naturaleza es la inspiración de la versión urbana del jardín artesanal. Se recrean varios niveles y etapas en la cama de flores con diferentes brotes altos, canales alargados con botellas de plástico recicladas (pág. 31) y recipientes angulares de vidrio.

EFECTO Este diseño, con su planeación cuidadosa, su estructura graduada y su altura, es una manera emocionante de traer el jardín de verano, a nuestro hogar.

COLOR Suaves tonos de azul, rosa, malva y púrpura recrean las sombras pastel del verano en el contorno, mientras que el toque de rosa profundo da un alegre punto focal.

FORMA Hemos usado flores en forma de esfera y globo, en bloque, para crear una visión arquitectónica general del diseño. Las flores con los tallos más cortos van al frente del arreglo.

BODA CAMPESTRE EN VERANO

Esta mezcla de flores y follaje es de esencia ligera, llena de textura y reminiscencias del campo en pleno verano. Muchos de estos ingredientes como las hierbas, el pie de león y la hiedra trepadora, se pueden tomar directo del jardín. La forma de lágrima del ramo y del arreglo para la banca de la iglesia, genera un estilo un poco más romántico para una boda campestre.

ARREGLO OJAL

1 rosa de color rosa
1 tallo de hoja blanca
1 un brote de romero

RAMO

10 guisantes de olor color malva
6 rosas de color rosa
4 lilas y lisianthus púrpuras
5 campanillas
5 tallos de pie de león
6 verónicas púrpuras
3 tallos de hiedra trepadora
6 tallos de hoja blanca
7 brotes de romero

BANCA DE IGLESIA

9 verónicas púrpuras
5 lisianthus púrpuras
10 pie de león
7 rosas spray de color rosa
10 tallos de aligustres

CENTRO DE MESA

1 manojo de brotes de hebe en miniatura
1 manojo pequeño de tallos de salvia
1 manojo pequeño de brotes de romero
1 manojo pequeño de tallos de menta
9 verónicas púrpuras
6 rosas spray de color rosa
7 rosas de color rosa

↓ tallo de rosa color rosa
↓ campanillas
← rosas spray de color rosa
↓ brotes de romero
↓ tallos de hiedra trepadora
← tallos de menta
← lisianthus lilas
← manojo de brotes de hebe en miniatura
← verónica púrpura
← tallos de salvia
← tallos de aligustre
↑ lisianthus púrpuras
↑ guisantes de olor color malva
← tallos de pie de león
← tallos de hoja blanca

ARREGLO PARA OJAL

El propósito de la rosa del ojal es combinar con el color del ramo de la novia, separa una rosa por cada arreglo que necesites hacer.

1 Sujeta con un alambre la rosa, la hoja blanca y el romero, sigue las instrucciones para hacer un arreglo para ojal de la sección 1 (pp. 48-51).

2 Rocía la rosa de manera ocasional para mantenerla fresca hasta el momento de usarla, debes tener un alfiler para sostenerlo en la solapa del saco.

RAMO

El arreglo del ramo, en forma de lágrima, es un poco diferente al típico ramo de novia sujeto a mano y es deliberadamente más suelto y suave.

1 Apoya un espejo contra la pared en ángulo, de modo que puedas ver el reflejo del ramo con claridad conforme vas trabajando.

2 Divide los diferentes ingredientes en pilas separadas. Empieza por los tallos más largos: los pies de león, las rosas, y la hiedra. Sostenlos con la mano en el punto de unión. Esta es la base de tu ramo. Añade las flores más pequeñas en la parte superior y a los lados hacia afuera, insertándolas en el punto de unión, en ángulo, para crear un efecto espiral sin voltear el manojo en ningún momento.

3 Añade las flores más grandes a esta estructura, construyendo el contorno curvo del ramo hacía ti. Arregla la hiedra trepadora y las hojas blancas para que sobresalgan un poco más que los otros tallos.

4 Asegura el manojo con un lazo de rafia y cubre ésta con un bello nudo de cinta floral. Corta los extremos de los tallos con tijeras para podar.

ARREGLO PARA BANCA

Este arreglo, con espuma floral, en forma de gota para las bancas es similar al ramo de novia y usa muchas de las mismas flores.

1 Haz dos orificios en la parte de arriba de un recipiente para ramillete y pasa un trozo de alambre a través de ellos para sujetar el arreglo a la banca (p. 203). Presiona un cubo húmedo de espuma dentro del recipiente y átalo con cinta floral.

2 Si tienes un tablón de madera, cuelga temporalmente el recipiente. Estos arreglos se verán de frente y por arriba, así que ayudaría colocar cada recipiente en el ángulo correcto cuando los prepares.

3 Acomoda las flores y el follaje de acuerdo al paso a paso del arreglo floral con espuma de la sección 1 (pp. 44-47). Como el ramo (en la página anterior), algunos tallos en la base del arreglo deben ser casi el doble de largo que los de los costados y de la parte superior. Si los haces el día anterior a la boda, rocía las flores antes de arreglarlas, y una vez más cuando sujetes los recipientes a las bancas.

CENTRO DE MESA

Como el ramo de novia, este centro de mesa es un romántico despliegue de perfume y textura, sólo que en esta ocasión en un recipiente rústico de barro. Si después de hacer los arreglos aun tienes rosas, retira los pétalos con cuidado y espárcelos al azar alrededor de la base del recipiente, justo antes de que lleguen los invitados.

1 Corta un pedazo de espuma floral, mójala y colócala de modo que quepa dentro de un recipiente de barro barnizado, de 19 cm de alto. La espuma floral debe también sobresalir 5 cm del borde, para que puedas insertar los tallos en ángulo hacia arriba ocultando el canto del recipiente. Presiona el follaje en ese ángulo para formar un marco. Arregla los brotes de hebe en grupos.

2 Después coloca las rosas grandes de color rosa y distribúyelas de manera uniforme por todo el arreglo.

3 A continuación, corta rosas spray de color rosa de los tallos principales e insértalas.

4 Por último coloca las varas de verónica. Llena los espacios vacíos con brotes extra de salvia o romero.

EFECTO LINEAR
Una característica de los ramos a mano es que las flores y el follaje están ubicados en una secuencia precisa y uniforme. Estas flores se arreglan en un patrón lineal por niveles para lograr la distintiva forma de lágrima.

GUISANTES DE OLOR

Este arreglo en envase pequeño ilustra a la perfección el principio "menos es más" (pp. 12-13). Unos cuantos guisantes de olor arreglados de manera holgada en un jarrón de vidrio pudieran parecer, en principio, algo no muy especial; pero la nota íntima de este diseño y los tonos sutiles de los pétalos pronto irradian un maravilloso deleite sensorial. Aun cuando tienen flores frágiles y pequeñas, los guisantes de olor poseen un perfume ligero y fragante que es irresistible. Este arreglo luce exquisito en una recámara o encima de un tocador, durará de dos a tres días.

CÓMO ARREGLARLO

1 Coloca un pedazo de rafia en una superficie plana y encima una hoja de hosta, de forma que la rafia quede por debajo.

2 Acuesta un jarrón alto de vidrio, o florero pequeño de lados lisos, a un lado de la hoja de hosta. Cubre la superficie del florero con otras hojas de hosta de modo que se superpongan un poco. Con los dos extremos de la rafia envuelve las hojas alrededor del florero y anúdalos. Quizá necesites un segundo pedazo de rafia si el florero es alto. Corta la parte debajo de las hojas y las puntas de los tallos para alinearlos con la base del florero. Estas hojas dan al florero una apariencia peculiar, un atractivo contraste con las interminables curvas del guisante de olor.

3 Llena con agua dos tercios del florero y arregla los tallos del guisante de manera casual para que luzcan desde cualquier punto. Las flores no duran mucho, así que si cultivas guisantes de olor en tu jardín, reemplázalos con tallos frescos cada pocos días.

Flores y follaje

← 2 guisantes de olor color rosa

↓ 2 guisantes de olor color púrpura

2 guisantes de → olor color rosa profundo

2 guisantes → de olor color púrpura claro

2 guisantes de olor color lila →

← 3 hojas de hosta

ALTERNATIVA SIMPLE
Si no tienes tiempo de cubrir el florero, arregla los tallos en viejas copas de vino, y acomódalas en fila sobre una mesa o estante.

Otros materiales

Un jarrón alto de vidrio (16.5 cm) o un florero pequeño de lados lisos.
Rafia
Tijeras para podar

Posibles sustitutos

Peonías o rosas spray

ESFERA DE HORTENSIAS

En este arreglo sencillo el mínimo de componentes crea el máximo impacto. El propósito es trabajar con una paleta limitada de colores y flores, y no llenar el recipiente hasta el borde con pétalos. Las hortensias son ideales para este diseño pues son de las pocas flores cuyos pétalos, por ser tan gruesos, pueden tolerar estar asentados en agua; la mayoría son muy delgados y delicados y pronto se vuelven limosos. Vale la pena tratar de encontrar algo similar a esta vid seca tejida para la base del recipiente, añade interés y otro elemento natural al arreglo. Este diseño luce bien sobre una mesa para café, o en un baño moderno, y durará una semana si cambias el agua y vas recortando los tallos.

CÓMO ARREGLARLO

1 Vierte una pequeña cantidad de agua en la pecera: aproximadamente 5 cm de profundidad.

2 Corta los tallos de tres flores un poco más cortos y arregla estos primero, para situar la punta de los tallos en el agua.

3 Toma las tres flores restantes e inserta con cuidado sus tallos, un poco más largos, en la capa de flores de abajo, hasta llegar al agua. La capa inferior debe ayudar a que las flores de arriba permanezcan estables. Sacude los pétalos de las hortensias para que no queden apretados.

Flores

↓ 6 hortensias de cabeza grande color rosa

UNA BASE NATURAL
Un anillo de vid ensortijada añade textura e interés a este arreglo floral.

Otros materiales

Pecera (40 cm de alto)
Tijeras para podar
Base de vid tejida o similar

Posibles sustitutos

Flor velo de novia

DRAMA EXQUISITO
Las hortensias gracias a su impresionante tamaño, densa forma y múltiples pétalos son un ejemplo perfecto de "menos es más". Rociarlas es una excelente forma de mantener los pétalos frescos, conforme van absorbiendo el agua.

ESPUELA DE CABALLERO Y HORTENSIAS EN AZUL

Un arreglo llamativo, arquitectónico, en florero con vista frontal como este, necesita aire y espacio alrededor para que luzca de forma adecuada, y el impacto visual es aún mayor si el florero es del mismo color que las flores. Los tallos de las hortensias son mucho más cortos que los de pastos ornamentales y las espuelas de caballero, así que asegúrate que el nivel del agua siempre esté al tope. Los mejores sitios para ubicar este arreglo son una mesa de salón bajo una luz, un salón minimalista o en una sala de estar, debe durar por menos una semana si mantienes las flores en buenas condiciones. (pp. 34-35).

CÓMO ARREGLARLO

1 Llena un tercio del florero con agua. Corta los tallos de las espuelas de caballero para que estén uniformes y acomódalos en el florero, dejando que oscilen de forma natural y que sus colores se distribuyan de manera regular.

2 Dobla los tallos de las hortensias justo dentro del borde del florero, por el frente, y apriétalos un poco para que no se muevan.

3 Si es necesario vuelve a arreglar las espuelas de caballero hasta que estés satisfecha con la forma y el balance general del arreglo. Corta los tallos de los pastos ornamentales para que queden un poco más cortos que las espuelas de caballero, e insértalos entre éstas y las hortensias; servirán de enlace entre las diferentes flores.

CONTRASTES VISUALES
Ramas altas de pastos ornamentales con hiedras trepadoras añaden balance y rompen el azul intenso de las flores.

Flores y follaje

← 15 pastos ornamentales "panicum"

10 espuelas de caballero "blue bee" ↓

← 10 espuelas de caballero "double blue"

← 10 hortensias azules

Otros materiales

Un florero azul de boca ancha, (41 cm) de alto.
Tijeras para podar

Posibles sustitutos

Flor espuela de caballero o acónito (para las espuelas de caballero), crisantemos de cabeza grande (para la hortensia), hierba lanza (pastos ornamentales panicum)

ARREGLO DE FOLLAJE Y CABEZAS DE SEMILLAS

No es común ver floreros con arreglos elaborados, casi por completo, con follaje, pero con las formas y texturas correctas lucen fabulosos. Este ejemplo expresa la exuberancia del verano en pleno. Lucirá impresionante en una terraza blanca y espaciosa, en un ambiente contemporáneo, encima de un pedestal de alabastro o acrílico o sobre una mesa alta. Este arreglo consta de diferentes componentes, así que, en el diseño general del arreglo, si no encuentras alguno de ellos no se notará. Debe durar diez días. (pp. 34-35).

CÓMO ARREGLARLO

1 Corta los tallos de las dos hojas de costilla de adán y úsalas para forrar los lados del florero. Arruga un pedazo grande o dos de celofán y empújalos al fondo del florero. El celofán ayuda a que las hojas se mantengan en su lugar y da altura extra al follaje; si los tallos son largos, presiona aún más el celofán hacia abajo.

Follaje

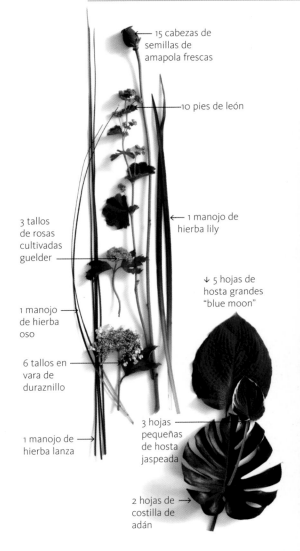

15 cabezas de semillas de amapola frescas

10 pies de león

3 tallos de rosas cultivadas guelder

1 manojo de hierba lily

1 manojo de hierba oso

5 hojas de hosta grandes "blue moon"

6 tallos en vara de duraznillo

1 manojo de hierba lanza

3 hojas pequeñas de hosta jaspeada

2 hojas de costilla de adán

Otros materiales

Florero en columna, alto y transparente, 41 cm de alto
Tijeras para podar
Celofán
Bandas elásticas

Posibles sustitutos

Para un arreglo en tono más oscuro usa:
Fotinia (para el duraznillo); haya roja (para las rosas guelder); leucadendron (para las cabezas de semillas de amapola); hipérico (para pie de león); corbata negra (para las hojas de hosta)

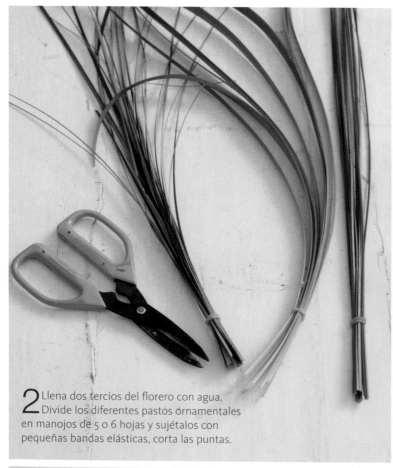

2 Llena dos tercios del florero con agua.
Divide los diferentes pastos ornamentales
en manojos de 5 o 6 hojas y sujétalos con
pequeñas bandas elásticas, corta las puntas.

3 Arregla las primeras tres hojas
de hosta a la misma altura para
crear la base del follaje.

4 Añade el duraznillo de jardín para
construir un marco de tallos alrededor.
Coloca las rosas guelder.

5 Acomoda las cabezas de amapola, espaciándolas
de manera uniforme por todo el arreglo. Deben
asentarse un poco más alto que las cabezas del
duraznillo, para sobresalir del resto del follaje.

6 Sitúa los manojos de hierba Lily y hierba oso alrededor y a los lados del arreglo, de manera que caigan en un ángulo natural y añade algunos manojos de hierba lanza al centro, para agregarle altura.

7 A continuación, coloca el pie de león para llenar los espacios vacíos y unir con facilidad los diferentes colores y texturas.

8 Como toque final, incorpora las hojas de hosta jaspeada en cualquiera de los lados del arreglo; mueve un poco las cabezas del follaje para hacerles espacio. Llena el florero de agua hasta el borde.

BODA CITADINA CHIC EN VERANO

Aún cuando las peonías tengan la reputación, difícil de ignorar, de ser muy tradicionales, también son elegantes, de silueta bien definida y con el intenso y brillante color de sus pétalos, son la opción perfecta para una boda moderna en verano. Su gran ventaja es que no se desintegrarán y caerán con facilidad, si es que el día de la boda es caluroso o con viento.

ARREGLO PARA OJAL

1 rosa "aqua"
1 tallo de senecio con capullos cerrados

RAMO DE NOVIA

9 peonías de cabeza doble color rosa profundo

ARREGLO PARA BANCA

8 peonías de cabeza doble color rosa profundo

CENTRO DE MESA

4 hojas de hosta
4 peonías color rosa profundo
4 peonías color rosa pálido "Sarah Bernhardt"
5 'rosas "aqua"

← rosa "aqua"

↓ peonías color rosa profundo

peonías color → rosa pálido "Sarah Bernhardt"

↓ tallo de senecio con capullos cerrados

↓ hojas de hosta

ARREGLO PARA OJAL

Elige la rosa de un color cercano al ramo (una peonía sería demasiado grande). Pequeños rizos de listón negro van metidos entre la rosa y las hojas de senecio como adorno.

1 Sujeta la rosa con el alambre, siguiendo las instrucciones del paso a paso de la sección 1 (pp. 48-51). Desprende los pétalos externos si luce muy grande o muy abierta.

2 Corta tres pedazos de listón negro de 4 cm. Dobla cada uno de ellos a la mitad, junta las puntas y sujétalas con el alambre con un trenzado doble (p. 48). Corta el alambre y cúbrelo con cinta floral.

3 Agrupa los rizos de listón al lado de la rosa, arregla los senecios detrás de ellos. Corta los alambres y átalos con cinta floral. Presiona la cinta con tus dedos para asegurarla. Debes poner un alfiler para prenderlo a la solapa del saco.

RAMO

El impacto que causa este sofisticado ramo es mayor debido a su minimalismo, estas sencillas peonías no necesitan nada más para hacer alarde de su perfección.

1 Sostén en tu mano el tallo de una de las flores y luego toma otra. Lía ligeramente los tallos sobre tu mano en una sola dirección conforme lo vas haciendo.

2 Añade más tallos en el mismo ángulo para crear un efecto de espiral. Sigue dando vueltas al manojo en la misma dirección mientras trabajas.

3 Arregla la última capa de flores alrededor de las orillas, pero por debajo, para lograr un ligero efecto abombado. No te preocupes si quedan algunos espacios; es muy difícil, por su tamaño, sujetar con firmeza estás flores.

4 Sujeta el ramo con una mano y amárralo con un pedazo de rafia. A continuación, cubre la rafia con listón negro y anuda.

5 Corta los extremos de los tallos con tijeras para dejarlos del mismo tamaño, deben ser cortos y así no se enredarán con el vestido de la novia.

ARREGLO PARA LA BANCA DE LA IGLESIA

Cuando estas espumosas peonías vienen en conos color rosa pálido semejan helados gigantes y añaden un toque de encanto a este pequeño despliegue de elegancia.

1 Para cada cono, utiliza una pieza de cartulina gruesa, haz una corneta, y engrápala por la parte de atrás. (Usa cartulina negra si quieres que combine con los listones y el florero, o papel texturizado, muy grueso, para conos blancos).

2 Haz unos cortes delgados en la parte de atrás de cada cono, pasa un pedazo de rafia de adentro hacía afuera por estos cortes, y amárralos a la banca.

3 Llena con celofán la base del cono para impedir que las flores resbalen demasiado hacia abajo, y para ayudar a crear la forma correcta.

4 Sujeta una ampolleta con agua a cada grupo conformado por ocho peonías en plena floración. Acomoda los tallos más largos en la parte trasera del cono y los más cortos al frente para formar, de manera gradual, un efecto curvo que emule la silueta del ramo de novia.

CENTRO
DE MESA

Las peonías y las rosas necesitan un florero negro, en forma de cubo con formas afiladas y limpias para darle al arreglo un toque moderno y libre.

1 Llena con agua el florero (14 cm de diámetro y alto) y acomoda dentro malla de alambre (p. 37). Inserta una hoja de hosta a través de la malla en cada equina del florero.

2 Inserta cuatro rosas en ángulo, de modo que cada rosa descanse sobre una hoja de hosta. Coloca una peonía de color rosa profundo entre cada rosa, después añade cuatro peonías de color rosa pálido para crear una segunda capa. Sitúa la última rosa en la parte de arriba para dar al arreglo la forma estilizada de una pirámide.

MÁXIMO IMPACTO
Un arreglo con racimos de diferentes colores a veces distrae y
resulta confuso. Limitar la paleta de colores y la variedad de flores,
puede otorgar a este arreglo un gran dinamismo.

EL FLORERO CON GIRASOLES

Un arreglo de girasoles sueltos en un florero de columna, rústico, cubierto con tela de yute o cáñamo provoca una sensación de crecimiento orgánico, como si aún estuvieran en el campo. Estos elementos crean una apariencia fuerte y texturizada. En este diseño moderno debes utilizar tu criterio visual para lograr una forma básica de domo con altura agregada y flores más cortas para que escondan cualquier tallo que sea poco atractivo. Debe durar diez días (pp. 34-35).

CÓMO ARREGLARLO

1 Coloca la tela de yute o cáñamo sobre una mesa y recuesta el florero encima. Enrolla la tela alrededor, asegúrala con cuerda y anuda. Coloca el florero sobre la mesa, acomoda los pliegues de la tela y cíñelos contra los lados del florero con tantas dobles extensiones diagonales como consideres necesario.

2 Llena con agua el florero hasta la mitad. Remueve todas las hojas de los tallos de los girasoles para que la cabeza de la flor no se cuelgue.

3 Sostén un girasol y añade algunas flores, torciendo un poco en tu mano, los tallos en una dirección para lograr un efecto de espiral desigual. Agrega algunos otros tallos, y córtalos a la misma altura. En este punto, en lugar de atar los tallos, déjalos caer dentro del florero. Este arreglo libre en espiral, otorga un marco en forma de cruz como soporte para los tallos restantes.

4 Coloca algunos de los tallos más altos atrás y los más cortos al frente y a los lados para esconder el cuello del florero y cualquier tallo visible. Aspira a lograr una apariencia orgánica. Desprende cualquier hoja remanente debajo de la cabeza de las flores. Luego llena el florero con agua casi hasta el borde.

Flores

← 11 girasoles gigantes

↓ 9 girasoles "teddy bear"

← 9 girasoles negros

Otros materiales

Florero de columna (41 cm)
Tela de yute o cáñamo (1.2 m x 50 cm)
Cuerda
Tijeras para jardinería

Posibles Sustitutos

Crisantemos de cabeza grande para todas las variedades de girasoles

UNA RICA TEXTURA
Esta masa de las diferentes variedades de girasoles, se empalma
para crear un glorioso tapiz rico en texturas, su variedad de formas
y la configuración de sus pétalos son un conjunto irresistible.

RAMO DE OTOÑO

Este ramo en espiral atado a mano captura muchas de las ricas texturas y colores de flores y follaje del otoño. Las cabezas de la flor de celosía son pesadas y convenientes en un ramo compacto donde otras flores las sostienen, así que el punto de amarre de este arreglo debe estar en alto. Si no puedes conseguir cotinus, de igual manera el arreglo lucirá muy bien con otra variedad de follaje verde. Entrégalo como obsequio o ponlo un en recipiente rústico como centro de mesa para una comida dominical. Durará por lo menos siete días si mantienes las flores en buenas condiciones.

CÓMO ARREGLARLO

1 Ordena por tipo las flores y el follaje en pequeñas pilas. Toma una celosía y con tu mano en el punto de atadura, acomoda tres tallos de salal alrededor de ella. Añade otra variedad de flor en ángulo, girando sobre tu mano los tallos en una dirección.

2 Agrega una de cada una de las flores y el follaje en el mismo ángulo para crear un efecto en espiral, girando el arreglo en la misma dirección. Mira el ramo por arriba para cerciorarte de que te guste el acomodo de las flores, a continuación coloca las flores restantes. Si resulta difícil manejar los tallos, recórtalos un poco. Arregla las dos últimas capas de flores y follaje por debajo de los bordes para crear un ligero efecto de domo. Incorpora algunos tallos de salal alrededor de las orillas del ramo, para enmarcar las flores.

3 Amarra el arreglo con rafia o cordel de jardinería.

4 Corta los tallos en diagonal para que todos queden del mismo largo. Si el ramo es un obsequio, conserva los tallos en agua hasta el momento de regalarlo.

CONSEJO DE EXPERTO

• **En el cotinus de tallo largo**, la mitad inferior tiene hojas grandes, mientras que la mitad superior posee hojas más pequeñas, y ambas crean una buena textura. Es una pena desechar la parte inferior, así que corta los tallos a la mitad y usa ambas partes en el arreglo.

Flores y follaje

7 alstroemeria ↓

↓ 7 Rosas spray color naranja

↓ 5 proteas

↓ 6 tallos de baya hiperico

6 tallos de cotinus↓

↑ 5 celosías color rojo

← 6 tallos de salal

Otros materiales

Tijeras de jardinería
Rafia o cordel de jardinería
Tijeras para podar

Posibles sustitutos

Flor de la viuda por la celosía, rosas por proteas, fresias por rosas spray, eryngium por alstroemeria

FLORES ESCULTURALES
Las flores exóticas son con frecuencia muy brillantes e impresionantes, además tienden a durar un buen periodo de tiempo. Las variedades exóticas, como la protea, crean un fuerte efecto escultural acompañadas de otras flores.

CUBO FRUTAL

El inusual efecto decorativo de este audaz y vívido arreglo se logró colocando un envase en forma de cubo dentro de otro y llenando el espacio entre estos con rebanadas de lima. El secreto es usar dos envases iguales, pero diferentes en tamaño, que ajusten bien. Prepara este arreglo el día que lo necesites, pues el jugo de las limas tiende a filtrarse después de un rato. La naturaleza compacta de la celosía hace más fácil que las acomodes en un ramo atado a mano antes de ponerlas en el florero. Este pequeño arreglo debe durar dos o tres días y funcionará sobre una repisa, en un cuarto pequeño, en la cocina o el baño, mientras las limas expelen una fragancia encantadora y ligera.

CÓMO ARREGLARLO

1 Coloca un envase dentro del otro, rebana las limas y deslízalas entre los envases. Usa el cuchillo (o una vara) para acomodarlas en los cuatro lados. Llena el cubo de adentro con agua.

2 Corta todo el follaje de los tallos de la celosía para que sus grandes cabezas, de superficie ondulada brinden foco y textura. Arregla los tallos del ramo en un espiral simple y sujétalo de un punto alto para que luzca compacto. Alterna cada color conforme vas construyendo la silueta del domo y dobla el ramo en una sola dirección. Presiona las flores y júntalas para eliminar los espacios entre ellas.

3 Cuando hayas añadido todas las celosías, corta sus tallos de manera que descansen sobre el agua, anuda el manojo con rafia o cinta floral y acomódalo en el cubo de adentro.

Flores y fruta

8 celosías rojas →

← 4 limas frescas

← 8 celosías verdes

ESPACIO CÍTRICO
Construye desde abajo horizontales con las rebanadas de lima para llenar el espacio entre los dos cubos.

Otros materiales

1 florero grande en forma de cubo (15 x 15 cm)
1 florero más pequeño en forma de cubo (11.5 x 11.5 cm)
Cuchillo afilado
Tijeras para podar
Rafia o cordel de jardinería

Posibles sustitutos

Girasoles (por celosía), limones (por limas)

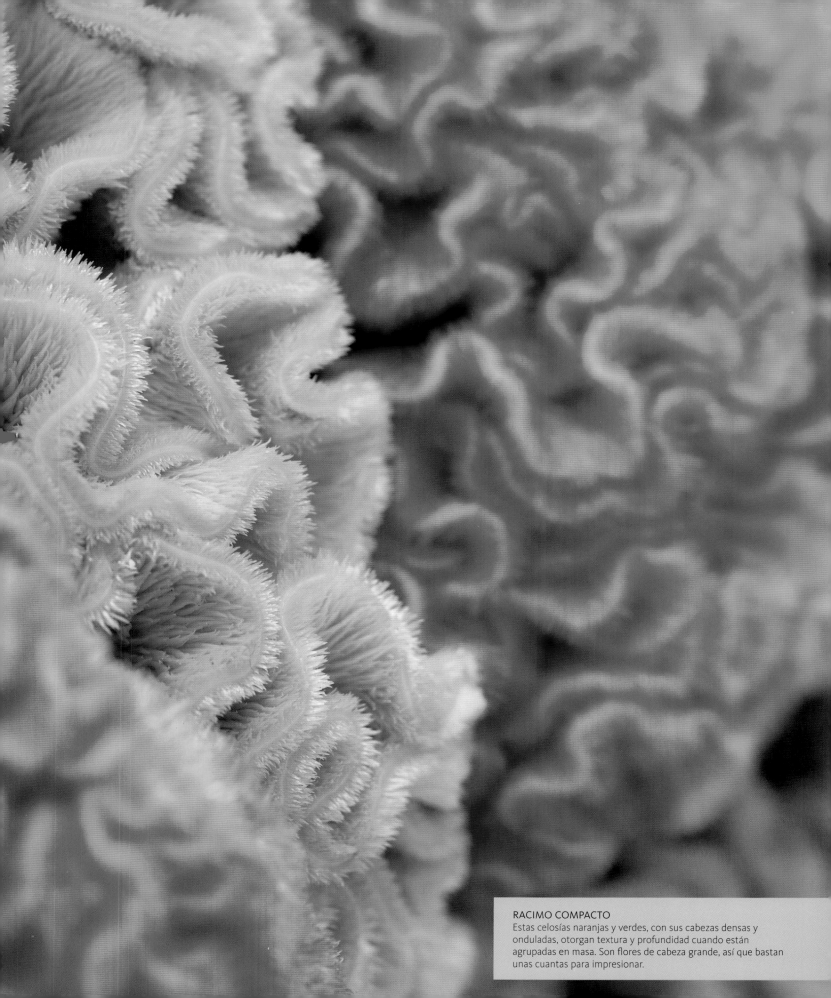

RACIMO COMPACTO
Estas celosías naranjas y verdes, con sus cabezas densas y onduladas, otorgan textura y profundidad cuando están agrupadas en masa. Son flores de cabeza grande, así que bastan unas cuantas para impresionar.

LA PECERA NARANJA

El color iridiscente de la pecera en este arreglo contemporáneo marca la pauta para esta ecléctica mezcla otoñal de flores y follaje. Está diseñado para ser compacto y a la vez suelto y desestructurado, contrastando con las suaves y uniformes curvas del recipiente. La malla de alambre adentro ayuda a mantener los tallos en el ángulo correcto. Este diseño dará una inyección de color en una cocina o baño moderno, salón o sala de juntas. Debe durar por lo menos una semana si mantienes las flores en buenas condiciones (pp. 34-35).

CÓMO ARREGLARLO

1 Coloca la malla de alambre dentro del recipiente y llénalo con agua hasta la mitad.

2 Recorta los tallos largos de los cotinus y utiliza algunos de los más cortos para crear un marco básico.

3 Añade algunas dalias alrededor del borde y luego una segunda capa de dalias, casi como si descansaran en la capa inferior. Si lucen muy densas coloca algunos tallos más de cotinus para irrumpir entre las flores.

4 Coloca los lirios gloriosa de manera uniforme alrededor del arreglo. Sus alongados pétalos contrastan de manera elegante con la forma esponjada y redonda de las dalias. Los lirios deben quedar un poco más altos que las otras flores. Llena con agua el florero hasta el borde.

Flores y follaje

← 5 tallos de cotinus

← 5 dalias color naranja

7 lirios gloriosa ↑ con tallo corto

← 5 dalias de color amarillo

Otros materiales

Pecera redonda y naranja (20 cm de alto)
Malla de alambre
Tijeras para podar

Posibles sustitutos

Girasoles y celosías (por dalias); amarantus vertical (por lirios gloriosa); lirios (por cotinus)

DALIAS DE FANTASÍA

Este racimo de dalias esta diseñado para impresionar: con las intrincadas posiciones de sus pétalos y colores intensos, brillan como gemas en un viejo joyero, mientras que la combinación de capullos y flores abiertas añaden interés y textura. Ya sea que las dalias sean de tu jardín, o las compres, asegúrate que sus colores fuertes se mezclen de manera armoniosa, que no choquen. Este arreglo lucirá encantador sobre una cómoda, un secreter o la mesa de un salón y debe durar una semana o más. (pp. 34-35).

CÓMO ARREGLARLO

1 Forra el interior de la caja con celofán o material similar. Corta la parte superior de cuatro botellas de agua (pueden ser más o menos, dependiendo del tamaño de tu caja) y acomódalas de manera que la llenen. Coloca malla de alambre en las botellas de atrás para las flores más altas, luego llena las botellas con agua hasta la mitad.

2 Primero arregla algunos tallos de la parte trasera: corta los tallos para que las cabezas de las flores se agrupen justo debajo del borde de la tapa de la caja y colócalas dentro de las botellas, recargadas sobre la tapa. Utiliza la malla de alambre para guiar su ángulo y posición. Incorpora cinco tallos en cada botella.

3 Recorta un poco los tallos conforme vayas llenando el frente de las botellas de la parte de atrás, y recorta aún más para la parte de enfrente, así lograrás un efecto escalonado. También arregla algunas flores de tallo corto a los lados para un efecto homogéneo. Acomoda la caja de madera y llena las botellas con agua.

EQUIPO SENCILLO
Utiliza el celofán para detener cualquier escurrimiento y proteger el forro de la caja, y la malla de alambre dentro de las botellas para darles un soporte efectivo a las flores.

Flores

↓ 5 dalias "black fox"

↓ 5 dalias "Boy Scout"

5 dalias "red fox" ↓

↓ 5 dalias "stratus"

5 dalias "red cap" →

Otros materiales

Una vieja caja de madera o similar (30 x 20 cm)
Celofán
4 botellas grandes de agua
Malla de alambre
Tijeras para podar

Posibles sustitutos

Girasoles grandes y pequeños, crisantemos grandes y florecidos, hortensias.

MATICES DE ARMONÍA
Aun cuando estos son todos colores fuertes, descansan juntos en círculo cromático, que armoniza y tiene un agradable efecto cuando se combinan en un arreglo.

RAMO DE VEGETALES Y FRUTA

Conforme el verano se convierte en otoño, tiempo de cosecha, un ramo improvisado con flores del jardín, de una parcela o incluso del mercado local, se torna en un evocativo centro de mesa para el comedor o la cocina. Cualquier fruta o vegetal de tallo corto puede sujetarse con alambre; los que no tienen tallo con una vara de jardín. Este ramo es un poco más pequeño porque sus componentes son más pesados. Debe durar de tres a cuatro días en agua y con rociado frecuente.

CÓMO ARREGLARLO

1 Para insertar el alambre, de calibre 90, en el florete de brócoli, toma un extremo y pásalo a través del florete, luego dobla la punta del alambre sobre si mismo con un trenzado doble (pp. 48-51). El largo de éste deberá estar alineado con el resto de los tallos. Para preparar las limas, por la base, empuja una vara dentro de cada una.

2 Separa los ingredientes en pilas (guarda las hojas de col para el final). Sostén un florete de brócoli por el punto de unión, que debe estar muy arriba para que el manojo permanezca compacto. Alrededor del florete, añade uno de cada componente, girando el racimo en una sola dirección. Coloca el romero de manera que sobresalga del resto y aumenta los brotes de cebolla para mostrar sus raíces y bulbos blancos.

3 Incorpora uno de cada componente al ramo, girando el manojo en una sola dirección. Si el ramo empieza a pesar, haz un amarre en el punto de unión para que sea más fácil manipularlo. Acomoda el resto de los ingredientes.

4 Arregla las hojas de col por fuera y en torno al manojo para enmarcarlo. Ata el ramo en el punto de unión, llena con agua un recipiente de barro o similar y coloca el ramo.

Flores, frutas y vegetales

6 floretes → de brócoli con alambre

↓ 9 brotes de cebolla atados en manojos de tres

↓ 5 dalias color lila

↓ 5 tallos de salvia

↓ 3 tallos de flor de la viuda

↙ 5 ramas de zarzamoras sin madurar

↓ 5 ramas de sedum

↑ 8 brotes de romero

↑ 3 limas sobre varas de jardín

3 hojas → de col

Otros materiales

Maceta de barro o similar
Alambre calibre 90
Varas de jardín
Cordel de jardinería
Tijeras para podar

Posibles sustitutos

Coliflor (por el brócoli); bayas de saúco (por las zarzamoras); espárragos (por los brotes de cebolla); cualquier hierba fresca

BODA EN OTOÑO

Otoñales y exquisitas flores en ámbar, dorado, bermejo y rojo predominan en estos arreglos para boda. Si bien son maravillosos, los arreglaremos de manera informal para darles un toque rústico. Las ramas de zarzamoras confieren a cada diseño una pincelada campestre, asegúrate de usar zarzamoras sin madurar (las maduras se caen con facilidad y pueden manchar la ropa).

ARREGLO PARA OJAL

1 hipérico naranja
1 rama de zarzamoras sin madurar
3 hojas de hiedra
1 alcatraz color naranja

RAMO

7 alcatraces
9 ramas de zarzamoras sin madurar
11 hipérico naranja
6 rosas bicolores "cherry brandy"
8 girasoles "Sonia"

BANCA DE IGLESIA

6 hipérico rojo
6 hipérico naranja
7 ramas de zarzamoras sin madurar
12 girasoles "Sonia"

CENTRO DE MESA

4 hipérico rojo
4 hipérico naranja
7 ramas de zarzamoras sin madurar
8 girasoles "Sonia"
6 rosas bicolores "cherry brandy"
5 tallos de cotinus
5 tallos de hiedra

↓ cotinus

← hipérico naranja

↓ rosa bicolor

↓ hipérico rojo

↓ alcatraz color naranja

↓ varas de zarzamoras sin madurar

↓ tallos de hiedra

↑ girasoles "Sonia"

ARREGLO PARA OJAL

El inusual color mango y la forma en espiral del alcatraz, es una variación interesante a la clásica rosa. Las varas de zarzamora y las bayas de los hipéricos añaden un detalle de encanto.

1 Con alambre sujeta el alcatraz, las bayas de hipérico, las zarzamoras sin madurar y la hiedra, de acuerdo al paso a paso de la sección 1 (pp. 48-51).

2 Acomoda el racimo de follaje alrededor del tallo de alcatraz, que también tiene alambre, de forma escalonada. Corta los alambres y envuélvelos con cinta floral, con tus dedos presiona la cinta para sellarla.

3 Rocía el alcatraz de manera ocasional para mantenerlo fresco, usa un alfiler para prender el arreglo a la solapa del saco.

RAMO

Este ramo lleva girasoles miniatura, si fueran más grandes dominarían el arreglo. La idea es que conserve un toque delicado, aún cuando sus tonos sean fuertes.

1 Haz pilas de los diferentes ingredientes. Empieza con una rosa o alcatraz y acomoda cada uno de los componentes alrededor, en ángulo, para crear un efecto en espiral. El punto de unión debe estar en alto para que luzca compacto. Gira el manojo en la misma dirección conforme colocas cada tallo.

2 Añade las flores restantes, distribúyelas de manera uniforme. Arregla las dos últimas capas un poco más abajo, en los bordes y alrededor, para un efecto abombado.

3 Asegura el ramo con una cuerda de rafia. Después, toma un pedazo más largo y dóblalo en cuatro para crear ocho hilos y hacer un moño. Con rafia ata el moño al ramo, corta las puntas de los tallos en línea recta con tijeras para podar.

BANCA DE IGLESIA

Este arreglo está diseñado como una versión más sencilla del ramo: contiene menos flores, pero incluye otra variedad de bayas de hipérico. Se arregla del mismo modo, como un ramo en espiral.

1 Divide los diferentes componentes en pilas. Toma un girasol a la mitad del tallo (para que luzca suelto) y arregla cada una de los elementos a su alrededor, en ángulo para crear un efecto en espiral. No voltees el manojo, arréglalo frente a ti. Las flores de la parte de atrás deben ir un poco más alto para darle un efecto escalonado, no abombado.

2 Cuando hayas agregado cada uno de los elementos, repite la secuencia hasta que incluyas todas las flores y el follaje, y estén distribuidos de manera uniforme.

3 Sujeta el arreglo con un pedazo de rafia y anuda. Después toma un pedazo más largo, dóblalo cuatro veces para crear ocho hilos y hacer un moño. Con rafia ata el moño al ramo. Corta las puntas de los tallos en línea recta con tijeras para podar, para que queden del mismo largo.

CENTRO DE MESA

La canasta es informal y lleva dentro un contenedor hermético que actúa como florero, por su parte, la malla de alambre dentro de la canasta, sirve para angular los tallos en la dirección correcta. Es importante que los tallos estén cortos para que las proporciones de las flores y el follaje combinen con el tamaño y forma de la canasta.

1 Coloca el contenedor hermético dentro de una canasta redonda de mimbre de 30 cm. Acomoda la malla de alambre dentro del contenedor y llénalo con agua. Crea un armazón de follaje con tallos cortos de hiedra. Estos tallos deben estar en ángulo para que las hojas caigan de forma natural a los lados.

2 Añade tallos cortos de cotinus para dar aun más cobertura al armazón, sin recargarlo.

3 A continuación agrega las rosas, pues son las cabezas florales más grandes. Distribúyelas de manera uniforme.

4 Arregla las zarzamoras y el hipérico y, para terminar, los girasoles.

FANTASÍA OTOÑAL

Inspirado en el arte holandés del siglo 18, este suntuoso despliegue de flores y frutos luce como un bodegón. El arreglo de abundantes lirios, rosas, crocosmias, rudbeckias, cotinus, juncos y frutas, otorga un toque de dramatismo por su urna de pedestal, la franja de seda color marrón oscuro alrededor de esta y la intensidad del color del amaranto que sigue hasta a la fruta dispersa sobre la mesa.

COLOR Usamos la típica paleta de colores otoñales para representar el cambio de estación, cuando las hojas se tornan en apasionados tonos naranja, rojo y carmesí.

EFECTO La inclusión de frutas y tela, así como de flores y follaje, lo convierten en un diseño lleno de encanto, extravagante incluso, aunque todos estos elementos son, de hecho, muy comunes.

SILUETA La boca ancha de la urna de pedestal permite que las flores formen un hermoso abanico. Las flores de siluetas más suaves se acomodan en la orilla, mientras que el racimo de frutas en el centro atrae las miradas.

CORONA OTOÑAL DE FOLLAJE Y BAYAS

Esta corona de aspecto natural y de armoniosos colores, incluye algunas hojas teñidas para un mejor efecto: el teñido conserva semi frescas las hojas para que no sequen y se quiebren (aunque, si se mojan, la pintura puede manchar). La base de la corona está hecha de musgo, que es una mejor opción que la espuma floral, más ligera y con mayor profundidad a los lados para acomodar el follaje. Como en todos los arreglos, gira el armazón de metal conforme vayas apiñando el musgo, para que la parte en que trabajas, siempre esté de frente. Puedes colgarla, sin adornos, en la pared o sobre la repisa de la chimenea, o con un moño en la puerta. También lucirá en la mesa con una vela al centro. Debe durar dos semanas.

Flores y follaje

← 12 tallos de haya teñidos

← 4 tallos de eucalipto teñidos

↓ 12 tallos de hebe en miniatura

12 tallos de hoja de roble teñidos →

↑ 8 ramas de baya de pimienta

1 bolsa grande de musgo de turba →

8 varas de moras sin madurar →

↑ 12 brotes de romero

Otros materiales

Armazón de alambre (de 30 cm de diámetro)
Tijeras de jardín
1 rollo de cuerda
Alambre calibre 22
Listón (opcional)

Posibles sustitutos

Hiedra con bayas, eucalipto natural, vainas de eucalipto plateado, manzanas con alambre, hipérico, pino, salal (por cualquiera de las flores y el follaje)

CÓMO ARREGLARLO

1 Prepara el follaje: corta los tallos más o menos a 12 o 15 cm y remueve las hojas de abajo hasta unos 2.5 cm en cada tallo.

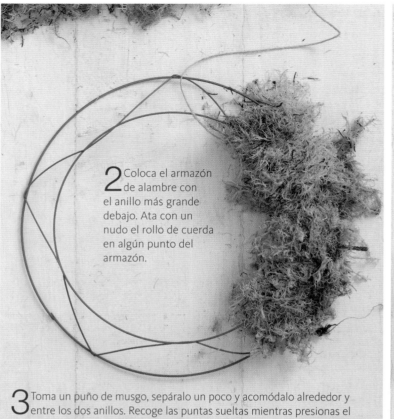

2 Coloca el armazón de alambre con el anillo más grande debajo. Ata con un nudo el rollo de cuerda en algún punto del armazón.

3 Toma un puño de musgo, sepáralo un poco y acomódalo alrededor y entre los dos anillos. Recoge las puntas sueltas mientras presionas el musgo para mantenerlo en su sitio, luego átalo con la cuerda de manera diagonal para fijarlo. Repite este paso hasta que el armazón quede cubierto.

4 Corta el musgo con tijeras. Corta la cuerda pero deja unos 40 cm colgando de la corona. Haz dos lazos de 10 cm con la cuerda desde la base. Toma los lazos y átalos por debajo de la corona. Trae las cuerdas al frente y haz un nudo. Corta los extremos.

5 Si quieres colgar la corona terminada, con los dedos busca la orilla del armazón e inserta el alambre por debajo, en ángulo. Junta las puntas para hacer un lazo, tuerce una de ellas alrededor de la otra, corta los extremos y oculta las puntas torcidas en el musgo. Sostén la corona por el lazo, y dale dos vueltas en la misma dirección para apretar la base del lazo.

6 Ata el rollo de cuerda a cualquier punto de la corona. Coloca tres o cuatro tallos de bayas encima del musgo y, con cuerda, sujétalos con firmeza a la corona.

7 Gira la corona y acomoda un tallo de hebe, que cubra de manera parcial las hojas de roble para un efecto escalonado. Fija los tallos con cuerda.

8 Por turnos, añade cada uno de los elementos colocando pequeños manojos de follaje a los lados y sobre el musgo. Alterna los grupos de follaje, gira la corona conforme trabajas.

9 Cuando hayas agregado suficiente follaje y tenga un aspecto balanceado, amarra la cuerda como lo hiciste antes.

10 Si encuentras algún vacío en la corona, agrega algunos tallos leñosos como el romero y el hebe debajo de la cuerda para balancear el arreglo. Si fuera el caso, haz un moño con listón y sujétalo al armazón.

ARREGLO MIXTO DE INVIERNO

Este vívido arreglo en blanco, lleva pesadas bayas invernales, pero posee la calidez de las exóticas orquídeas barco (estas orquídeas poseen tallos muy largos, así que puedes cortar las cabezas e insertarlas en ampolletas, y así darles la altura adecuada). Este hermoso arreglo lucirá muy bien en un pasillo, recamara principal, mesa de comedor o en una mesa para café. Quizá debas reemplazar las anémonas de tallo corto después de algunos días, pero las demás flores deben durar hasta 10 días si las mantienes en buenas condiciones (pp. 34-35).

CÓMO ARREGLARLO

1 Coloca la malla de alambre dentro del florero y llénalo con agua.

2 Arregla los tallos de esquimia primero. Gira el florero conforme añades el follaje para lograr un efecto abombado y tridimensional. Trata de no usar demasiado follaje en este paso.

3 Agrega los tallos de rosa, coloca los más cortos en las orillas y los más largos al centro para reforzar el efecto abombado. Las flores deben lucir ordenadas, no dispersas. Gira siempre el florero para que esté frente a ti al colocar las rosas.

4 Ahora, añade las rosas spray y el hipérico, ordénalos de manera uniforme. Haz un poco de espacio entre las flores para que las puntas de las hojas de esquimia rompan con la silueta curva de las flores. Luego acomoda las anémonas.

5 Para finalizar incorpora las orquídeas barco; son las que dominan en este arreglo, así que vale la pena añadirlas al final para acomodarlas donde luzcan mejor.

Flores y follaje

← 6 rosas spray color blanco

↓ 5 orquídeas barco

↓ 10 tallos de bayas de hipérico

6 tallos → de rosas color blanco

6 anémonas blancas ↓

← 10 tallos de esquimia

Otros materiales

Florero opaco de boca ancha, color verde (19 cm)
Malla de alambre
Tijeras de jardín

Posibles sustitutos

Flor de la viuda (por las anémonas), mini amarilis (por rosas spray), orquídeas Singapur (por orquídeas barco), hiedra con bayas y romero (por esquimia)

FLORES FESTIVAS
Estas anémonas blancas, con sus gélidos pétalos y sus atractivos centros púrpura, hacen un contraste perfecto con las bayas verde lima, orquídeas y follaje verde en este festivo arreglo invernal.

ÁRBOL DE ANÉMONAS

Con sus pétalos coloridos y delgados, las anémonas lucen como si fueran de papel de seda y brindan un toque delicado a este enérgico diseño. El ramo en espiral, sobre espuma floral, será un hermoso centro de mesa en un salón circular, en una mesa de comedor, sobre la repisa de la chimenea o cómoda. Si mantienes la espuma mojada, durará por cinco días.

CÓMO ARREGLARLO

1 Separa en pilas las anémonas por colores. Sostén una anémona por el punto de unión y añádele una flor de cada color, girando el manojo en la misma dirección. Coloca alrededor, las últimas flores en un ángulo inferior para un efecto abombado.

2 Sujeta el arreglo con un pedazo de listón que combine con los colores de las flores. Corta los tallos del mismo largo.

3 Coloca dentro del florero un pedazo de celofán o similar para dar altura extra a los tallos. Sitúa el arreglo en el centro del florero e inserta cubos mojados de espuma floral alrededor de las orillas del florero para acuñar los tallos y conservarlos derechos. La espuma debe asentarse a 2.5 cm de la boca del florero. Llena con agua el florero y oculta la espuma con musgo.

Flores y follaje

← 50 anémonas mixtas

← musgo

Otros materiales

Florero opaco de boca ancha
  (15 cm de alto)
Listón
Tijeras de jardín
Celofán
1 bloque de espuma floral
Cúter

Posibles sustitutos

Rosas spray mixtas

CONSEJOS DE EXPERTO

• **Si el musgo es difícil de conseguir**, cubre la espuma con grava de colores, o con piedras negras y brillantes.

• **Las anémonas abrirán** y crecerán un poco. Aun cuando esto puede hacer que el arreglo luzca desigual, también le dará movimiento.

FUENTE DE EUFORBIO

Este exuberante arreglo de frutas pequeñas y vívidos euforbios naranja crea un balance inusual de forma y color. Aquí puedes utilizar el truco de acomodar el euforbio dentro de una botella de plástico recortada y colocar malla de alambre dentro para un efecto de rocío de pétalos naranja. Lucirá impresionante en una mesa de bufé, en una celebración de Halloween o en un espacio contemporáneo. Debe durar cinco días antes de que la fruta luzca seca; puedes entonces recortar los tallos de euforbio y arreglarlos en un florero más pequeño para otros cinco días aproximadamente.

CÓMO ARREGLARLO

1 Corta la parte de arriba de la botella y acomoda malla de alambre dentro. Llena la botella con agua hasta la mitad y ponla dentro del jarrón.

Flores y follaje

↓ 20 euforbios fulgentes anaranjados

← 2 canastillas de manzano silvestre

← 2 canastillas de naranja japonesa

Otros materiales

Jarrón transparente de columna (30 cm de alto)
1 botella de agua grande
Malla de alambre
Tijeras de jardín
Vara de jardinería

Posibles sustitutos

Campanas de Irlanda u orquídeas barco (por euforbio), cerezas y castañas (por manzanos silvestres y naranja japonesa)

2 Coloca algunas naranjas japonesas en el espacio entre la botella de plástico y el jarrón (dos o tres hileras) que se vean más o menos uniformes. Usa una vara de jardín para ajustarlas a los lados de modo que oculten la botella.

3 Después acomoda algunos manzanos silvestres para formar una capa de la misma profundidad que las naranjas japonesas. Retira los manzanos silvestres que estén mallugados o arrugados.

5 Retira las hojas de la base de cada euforbio hasta el punto donde las flores empiezan a crecer. Si puedes ver cómo nacen las flores desde el borde del jarrón, porque los tallos son cortos, el diseño lucirá mejor. Coloca cuatro tallos dentro de la botella y deja que se acomoden de manera natural.

4 Incorpora otra capa de naranjas japonesas, si fuera necesario con una vara de jardín acomódalas un poco, después agrega otra capa de manzanos silvestres para llenar el florero hasta el borde.

6 Acomoda el resto de los tallos de manera libre pero uniforme por todo el arreglo y al centro para darle altura. Gira el jarrón conforme trabajes para obtener una silueta gradual. Luego llena la botella con agua.

RAMO INVERNAL

Es común asumir que en invierno no hay variedad de plantas de color, pero este hermoso ramo mixto tiene especies como la hiedra con bayas, que es más un rasgo, que para enmarcar el arreglo, que lo hace más interesante y da estructura (la técnica en espiral es la mejor manera de controlar la silueta de estas flores tan diferentes entre si). Es ideal como obsequio o como centro de mesa en un jarrón transparente. Durará hasta diez días, si cambias el agua y recortas los tallos.

CÓMO ARREGLARLO

1 Separa los diferentes componentes en pilas. Toma un tallo de amarilis y rodéalo con dos o tres tallos de hiedra con bayas.

2 Añade un tallo de rosa y gira un poco el manojo, siempre en la misma dirección, e incorpora el hipérico. Mantén los tallos en espiral.

3 Una vez que hayas colocado los tallos, uno de cada uno, inclina el arreglo hacía a ti, o frente a un espejo para comprobar que luce bien. Si el ramo se siente pesado, corta los tallos. Incorpora, en ángulo, otro tallo de amarilis, así como el resto de las flores y follaje.

4 Sujeta el arreglo con un pedazo de rafia o cordel de jardinería. Manipula los tallos de amarilis con cuidado, si los aprietas demasiado se pueden partir.

5 Corta los tallos en ángulo, más o menos del mismo largo para que se asienten sobre el agua. Si el arreglo está bien balanceado, deberá sostenerse erguido sin ayuda. Si es un obsequio, consérvalo en agua hasta entregarlo.

CONSEJO DE EXPERTO

• **Los tallos de amarilis son frágiles** y las flores que cargan son pesadas, así que pueden partirse con facilidad si se aprietan demasiado. Compra tallos tan frescos como sea posible, con los capullos apenas abriendo, para que la flor no caiga sobre el arreglo.

Flores y follaje

← 5 rosas color rojo rubí

↓ 7 amarilis rojas

5 rosas spray tipo tamango ↓

← 7 Tallos de hipérico Dolly Parton

10 tallos de hiedra con bayas →

Otros materiales

Tijeras de jardín
Rafia o cordel de jardinería

Posibles sustitutos

Lirios (por amarilis); eringios (por rosas spray); flor de la viuda (por hipérico); gerberas (por tallos de rosa)

BODA INVERNAL

Estos románticos arreglos de boda son, de manera intencional, ordenados y formales, pero con un giro: pequeñas perlas blancas escondidas en el arreglo del ojal y en el ramo. Vale la pena mostrarle a la novia cómo sostener el ramo: el peso debe llevar sus brazos hacía abajo de manera natural, estos estarán más rectos, permitiendo que las flores luzcan desde su mejor ángulo.

ARREGLO PARA OJAL

1 tallo de rosas spray de color blanco
1 tallo de hiedra
Perlas con alambre (disponibles en mercerías y en tiendas especializadas)

RAMO

9 rosas spray de color blanco
9 tallos de rosas Alba
11 Fresias blancas
7 tallos de flor de la viuda de color blanco
5 lisianthus de color blanco
11 tallos de eucalipto
Perlas con alambre (disponibles en mercerías y en tiendas especializadas)

CENTRO DE MESA

10 rosas spray de color blanco
12 tallos de rosas Alba
12 fresias blancas
11 tallos de flor de la viuda de color blanco
6 tallos de eucalipto
6 tallos de hiedra

ARREGLO PARA BANCA

8 Tallos de rosas color blanco

← rosas spray de color blanco

← lisianthus blanco

↑ fresias blancas

↓ tallos de rosas Alba

↓ tallos de eucalipto

↓ tallos de hiedra

↑ flor de la viuda de color blanco

ARREGLO PARA OJAL

Un racimo de perlas entre las delicadas rosas spray es un detalle encantador que hace de este arreglo algo diferente.

1 Con alambre acomoda las rosas y la hiedra de acuerdo al paso a paso sección 1 (pp. 48-51). Toma algunas perlas y átalas con cinta floral.

2 Agrupa las rosas, acomoda las perlas alrededor y coloca la hiedra como marco. Corta lo alambres para que queden escalonados, envuelve los alambres con cinta floral, y presiónala con los dedos para sellar.

3 Rocía las rosas para mantenerlas frescas hasta la hora en que se usen. Incluye un alfiler con perla para sujetar el arreglo a la solapa del saco.

RAMO

Este es un diseño grande de tallos en espiral, salpicado de perlas. Tiene un punto de unión en alto para que luzca compacto.

1 Separa los diferentes ingredientes en pilas. Sostén una rosa y añade cada uno de los ingredientes en ángulo, para crear un efecto en espiral. Gira el manojo en la misma dirección conforme trabajas, incorpora las perlas.

2 Añade todas las flores por turnos, arregla las últimas dos capas, un poco más abajo, en la orillas para dar un efecto abombado.

3 Sujeta el manojo con un pedazo de rafia o cordel. Corta las puntas de los tallos con tijeras para podar. Si quieres, puedes cubrir los tallos con listón blanco, envuelve de arriba abajo y hacía arriba de nuevo. Haz un pequeño nudo con los extremos del listón y asegúralo con algunas perlas, el alambre debe ir de manera vertical dentro del listón, haciendo de este, un hermoso detalle. Hasta que sea necesario, rocía las flores de vez en cuando.

CENTRO DE MESA

Cada tallo de este centro de mesa necesita ser insertado en ángulo para cubrir la espuma y lograr una suave silueta redondeada. Una vez que hayas dispuesto todas las flores y el follaje, coloca el arreglo en posición, añade una vela grande blanca al centro, y cúbrela con una pantalla de cristal.

1 Remoja en agua un anillo de espuma de 30 cm de ancho.

2 Arregla los tallos de hiedra en ángulo hacía abajo para crear una silueta gradual del centro al borde del anillo (no hay necesidad de cubrir el centro, dado que ahí se colocará la vela y la pantalla de cristal). Los tallos de la orilla exterior deben estar angulados de tal modo que oculten el plato.

3 Incorpora los tallos de eucalipto entre la hiedra, logrando así que el follaje, aún poco, se vea bien distribuido.

4 Coloca los tallos de rosa, repártelos de manera uniforme. Agrupa las rosas spray y las fresias conforme las arreglas en ángulo, para mayor impacto. Inserta la flor de la viuda en patrón regular. Luego coloca el anillo en su sitio y añade la vela y la pantalla de cristal.

BANCA DE IGLESIA

1 Con un par de tijeras haz dos agujeros en la parte superior de un tazón para ramillete e inserta un pedazo largo de alambre a través de cada uno. El alambre es para sujetar las flores y el arreglo a la banca.

2 Moja un tercio de bloque de espuma floral, rebaja el bloque 1 cm y átalo al tazón con tiras diagonales de cinta floral. Corta los tallos de las rosas a 10 cm, conservando solo unas cuantas hojas arriba (reserva estas rosas para después). Deja una rosa con el tallo un poco más largo que el resto e insértala en la espuma.

3 Arregla las rosas restantes en ángulo, con los tallos más cortos al frente para un efecto gradual y semi abombado. Coloca algunas en la base de la espuma en ángulos que sean el reflejo de las rosas de arriba.

4 Con celofán, envuelve la espuma para evitar que el tul absorba el agua y se cuelgue. No hay necesidad de envolverla con cinta adhesiva, ya que el tul la mantendrá en su sitio (pp. 204-205). Coloca un pedazo de tul blanco bajo el tazón para ramillete y ata los dos extremos en un moño grande. Sujeta el arreglo a la banca de la iglesia.

BANCA DE IGLESIA

Este arreglo, con su romántica nube de tul sujetada en moño, está diseñado para lucir como un ramo atado a mano, aunque se haya hecho con espuma. Las rosas no se mantienen bien sin agua, pero con esta forma inusual de arreglarlas, durarán más, pues un ramo de rosas atado a mano puede pronto lucir decaído. Es conveniente también porque puedes hacer los arreglos un día antes. El resultado es a gran escala, más dramático: los tallos de las rosas lucen más largos de lo que en realidad son.

EVENTOS ESPECIALES
Las flores frescas necesitan estar abiertas por completo para lucir lo mejor posible en un evento como una boda, así que cómpralas unos días antes para asegurarte de que estén en su mejor momento.

URNA DE AMARILIS

El secreto de este elegante arreglo de vista frontal es la increíble sencillez, su grandiosidad casi es enmascarada por su minimalismo (juntos, la urna y las ramas de abedul miden 1.5 m de alto). La amarilis durará, sin agua, una tarde, si es que no quieres usar un contenedor hermético, sin embargo, durará dos semanas si recortas los tallos y cambias el agua. Lucirá espectacular en la entrada de un salón o una mesa de bufé.

CÓMO ARREGLARLO

1 Coloca la urna en posición y arregla las ramas de abedul de manera natural, las ramas más cortas alrededor, en la parte externa, y las más largas en medio. Trata de que luzca lo más informal posible. Las ramas pueden ser tan altas como quieras para un efecto dramático, siempre que guarden relación con el tamaño de la urna. Conserva las varas recortadas para añadirlas al diseño, en caso necesario.

2 Dobla los tallos de amarilis hacía dentro, en el frente de la urna, de modo que las cabezas de las flores descansen justo encima del cuello de ésta. Arregla la primera capa de flores alrededor del borde, después construye la segunda y acomoda éstas entre las flores de la primera, para crear el efecto de doble nivel.

3 Si has usado un contenedor hermético, llénalo con agua (las amarilis desplazan mucha agua debido a sus tallos huecos, así que es mejor hacer esto al final).

CAPULLOS DE AMARILIS
Elije tallos de amarilis con algunos capullos abiertos y otros todavía cerrados para darle silueta e interés al diseño.

Flores y follaje

8 amarilis →

3 manojos →
de varas
naturales
de abedul

Otros materiales

Urna grande (46 cm)

Posibles sustitutos

Hortensias (por amarilis); varas de abedul plateadas o blancas (por varas naturales de abedul)

ÁRBOL DE AMARILIS

El árbol de amarilis es minimalista, es una manera sofisticada de presentar un arreglo floral en espuma. Si no tienes espacio para un árbol de navidad, un arreglo como este es la alternativa perfecta. Elige un florero estilizado y opaco, que mida más o menos la mitad de largo que los tallos, para obtener la proporción correcta (en la sección de pasos de este proyecto, aparece un jarrón de cristal para mostrar la integración de los materiales dentro del jarrón). Este arreglo es ideal para un vestíbulo, o en el área de bar en una fiesta. Durará siete días si rocías las flores de forma regular y mantienes la espuma mojada.

Flores

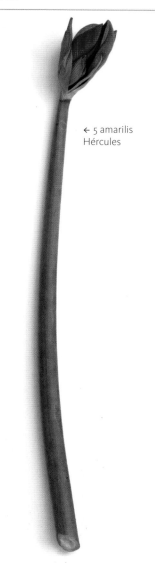

← 5 amarilis Hércules

CÓMO ARREGLARLO

1 Arregla las amarilis en manojo con los tallos rectos y átalas con un pedazo de rafia justo debajo de la base de las flores, de modo que la rafia quede oculta. Corta las puntas de los tallos al mismo largo.

Otros materiales

Florero alto en forma de cubo
Rafia
Tijeras de jardín
5 varas de jardín
Celofán
½ medio bloque de espuma floral
Cúter
Cuerda (opcional)
Guijarros negros o grava

Posibles sustitutos

Rosas "Grand prix" (usar de 15 a 20 tallos)

2 Inserta una vara de jardín dentro de cada tallo hueco de las amarilis. Cada vara debe ser más larga que el tallo. Corta las varas para que estén del mismo largo.

3 Llena la parte inferior del florero con celofán arrugado o con bolsas de plástico recicladas (esto significa que no tienes que usar un pedazo grande de espuma y desperdiciar la mitad; lo que además haría que el florero fuera muy pesado). Llena con agua tres cuartos del florero. Corta la espuma mojada para que calce las medidas del florero y colócalo en posición.

4 Empuja los tallos de amarilis y las varas de jardín dentro de la espuma hasta que las varas no sean visibles y las flores se sostengan sin ayuda.

CONSEJOS DE EXPERTO

• **Corta o desprende los pequeños sépalos de color café** de la base de cada una de las flores de amarilis, si los dejas, una vez secos, lucen poco atractivos.

• **Los tallos de amarilis** acumulan mucha agua cuando están erguidos en un balde o florero porque son huecos. Cuando los saques para recortar sus tallos o arreglarlos, ten cuidado con el agua dentro de ellos para que no cause estropicios.

• **Los capullos de la amarilis florecen** en secuencia, así que corta con precaución las flores que ya no lucen bien para dar paso a los capullos nuevos.

5 Llena el resto del florero con guijarros negros hasta el borde. Estos guijarros ayudarán también a sostener los tallos. Ahora llena con agua el florero. Si lo deseas, y con cuidado, sujeta los tallos con hierba marina, como un detalle extra.

6 Si sobró algún tallo de amarilis, recorta su tallo y acomódalo en un florero negro y pequeño para ponerlo junto al arreglo principal. Otra opción es arreglar varios tallos individuales en vasos pequeños y colocarlos en una mesa, en el lugar de cada comensal.

EXUBERANTE MEZCLA INVERNAL

Este es un lujoso arreglo que puede ser visto desde cualquier ángulo, lucirá maravilloso en la entrada de un salón, sobre una mesa circular. Las exóticas orquídeas barco, color rosa pálido, los tallos arqueados de las campanas de Irlanda, color verde lima, y el verde de las hojas de atar, que sirven como forro del interior del florero y ocultan los tallos, le otorgan vivacidad a la combinación invernal de tonos rojo y verde plata. Si resulta difícil colocar los tallos en ángulo, usa malla de alambre (pp. 37). Las flores durarán en buen estado de 7 a 10 días (pp. 34-35).

CÓMO ARREGLARLO

1 La nervadura de las hojas de atar pueden estropear el efecto visual del forro del florero, así que usa un cúter o tijeras para rebanar la nervadura de las hojas y separarlas en dos mitades. Curva las mitades alrededor, en el interior del florero en patrón diagonal.

2 Corta los tallos de rusco sólo un poco para que den altura al arreglo y acomódalos en el florero para lograr una silueta de abanico tridimensional. Añade el eucalipto. Gira el florero conforme trabajas para lograr una apariencia uniforme desde cada ángulo.

3 Cuidado con los afilados picos blancos en los tallos de las campanas de Irlanda, cuando desprendas sus hojas también corta estos picos. Recorta los tallos justo arriba del nódulo y arréglalos en el centro del florero, girándolo mientras trabajas.

4 A continuación acomoda las rosas junto a las orquídeas, pues son las flores que dominan el arreglo. Sitúalas en los espacios más obvios. Revisa que hayas logrado un contorno uniforme desde todos los ángulos, ahora coloca el florero en posición y llénalo con agua hasta el borde.

COMPLEMENTO EXÓTICO
Las orquídeas barco y las rosas pueden parecer una combinación improbable, pero gracias a sus diferentes colores y formas se realzan una a la otra.

Flores y follaje

6 tallos de rosas rojas ↓

← 6 campanas de Irlanda

↓ 7 tallos de rusco

← 5 orquídeas barco color rosa pálido

← 2 hojas de atar verdes

← 7 tallos de eucalipto azul

Otros materiales

Jarrón de boca ancha (30 cm de alto)
Tijeras de jardín
Malla de alambre (opcional)

Posibles sustitutos

Euforbio (por campanas de Irlanda), amarilis (por rosas), eucalipto (por rusco)

FANTASÍA DE INVIERNO

Este arreglo sirve como un sofisticado punto de atención para cualquier celebración invernal y es fácil de conseguir: varas desnudas de abedul haciendo eco de la estación latente, cortadas de acuerdo a la altura de la pesada urna de metal y arregladas de manera natural; capullos de amarilis atados a las varas, con alambre de calibre 22 ensartado desde la base de cada tallo, los cuales al estar huecos se llenan de agua para mantener vivas las flores.

EFECTO Con el gran nivel que alcanza con las varas del "tronco del árbol" y el arreglo inusual de la amarilis, se logra una sensación de drama y encanto.

FORMA Este arreglo con sus varas altas, representa la silueta del árbol desnudo en invierno. Las amarilis colgando de sus ramas son reminiscencias de la decoración de un árbol de Navidad.

COLOR Las cabezas blancas de la amarilis y las ramas color café, juntas, crean una evocación invernal. Cuando las flores ya no estén en su mejor momento, pueden ser remplazadas con amarilis frescas.

SECCIÓN TRES
DURANTE TODO EL AÑO

Mientras que las flores y el follaje estacionales van y vienen, algo que sí está disponible todo el año es la materia prima, con la que puedes contar para crear diseños asombrosos en cualquier momento.

CORONA DE CAPULLOS DE ROSA

Con frecuencia, una sencilla corona de rosas es todo lo que necesitas para completar el atuendo de fiesta para una niña, o para adornar sus cabezas en una celebración de verano o navidad. También funciona como tocado para una joven dama de honor en una boda. Si debes preparar la corona el día anterior, se mantendrá en buenas condiciones siempre y cuando las rosas beban mucha agua y selles los capullos con cinta de tallo después de haber puesto el alambre. Trata de seguir la secuencia aleatoria de los capullos, cerrados y semi abiertos, a medida que los vas sujetando al armazón de alambre, para lograr un arreglo suelto. Si la rocías, la corona debe durar fresca hasta 24 horas.

Flores y follaje

← 4 rosas spray color rosa en capullos y semi abiertas

← de 1 a 2 tallos de hiedra trepadora

CÓMO ARREGLARLO

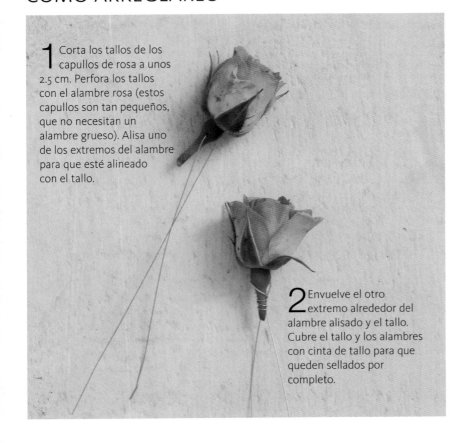

1 Corta los tallos de los capullos de rosa a unos 2.5 cm. Perfora los tallos con el alambre rosa (estos capullos son tan pequeños, que no necesitan un alambre grueso). Alisa uno de los extremos del alambre para que esté alineado con el tallo.

2 Envuelve el otro extremo alrededor del alambre alisado y el tallo. Cubre el tallo y los alambres con cinta de tallo para que queden sellados por completo.

Otros materiales

Tijeras de jardín
Alambre rosa
Alambre calibre 22
Cinta de tallo

Posibles sustitutos

Mini claveles

3 Haz el armazón de la corona. Primero mide la cabeza de la niña con un pedazo de cuerda.

4 Luego, haz una línea con varios trozos de alambre calibre 22, deben encimarse un poco y, en total, ser del mismo largo que la cuerda. Agrega otro pedazo de alambre, para hacer pequeños ganchos en los extremos.

5 Cubre los alambres superpuestos con cinta de tallo.

6 Sella los extremos y corta el exceso de cinta.

7 Haz un pequeño gancho en los extremos del armazón.

8 Incorpora una rosa en uno de los extremos del armazón y sujétala al alambre con cinta de tallo. El tallo debe permanecer libre para acomodarlo en la dirección correcta, coloca todos los capullos de la misma forma.

9 Entrelaza los ganchos de alambre y presiónalos para afianzarlos.

11 Rocía con regularidad los capullos y la hiedra, sobre todo si el clima es caluroso, consérvalos tan frescos como sea posible hasta que se use. También puedes cubrirla con un pedazo de tela mojada para retener la humedad por más tiempo.

10 Entreteje, de manera fluida, un tallo de hiedra trepadora a través los capullos.

CAJA DE FLORES EXÓTICAS

Las flores exóticas y el follaje siempre logran un diseño arquitectónico. Para dar un toque natural a este ramo atado a mano, acomódalo dentro de una una caja de madera, para simular la corteza de los árboles de coco. Si prefieres cuidar las líneas y las superficies suaves, puedes exhibir las flores en un jarrón de vidrio, escoge tu propia combinación de flores y follaje. Este arreglo lucirá bien sobre una mesa dispuesta de manera contemporánea y durará, más o menos, siete días si mantienes las flores en buenas condiciones (pp. 34-35).

CÓMO ARREGLARLO

1 Toma cada una de las hojas de atar y haz pequeños cortes con un cúter en cualquiera de los lados de la nervadura (la vena central que corre a lo largo de la hoja).

2 Separa en pilas los diferentes elementos. Sostén una alpinia roja con una mano y añade un anturio, torciendo, en tu mano, los tallos en una sola dirección. Incorpora más tallos en el mismo ángulo para un efecto de espiral. Gira el arreglo a medida que trabajas.

3 Reserva algunas proteas e inserta el resto de los tallos en un ángulo inferior, alrededor de las orillas del manojo para una silueta abombada. Conforme añades las hojas de atar, jala sus puntas hacía abajo hasta el punto de unión, así los cortes harán que se curven. Sujeta los tallos y las puntas de las hojas de atar con rafia.

4 Arruga celofán y colócalo dentro de la caja, alrededor del florero para mantenerlo firme. Llena el florero con agua y coloca el ramo adentro. Agrega las últimas proteas en los bordes del florero para emular la forma cuadrada de la caja y cubrir el celofán. Ata cordón de alga alrededor de la caja y haz un bonito nudo.

HOJAS DE ATAR COLOR NEGRO
Las tres secciones de las hojas de atar crean un efecto de listón.

Flores y follaje

← 5 anturios "African King"

← 8 proteas naranjas y amarillas

↓ 3 alpinias rojas

1 heliconia → color naranja

2 hierba → cipero

10 hojas → de atar color negro

Otros materiales

Caja de madera (36 x 36 cm y 25 cm de profundidad) con un florero dentro
Cúter
Rafia
Tijeras de jardín
Celofán
Cordón de alga

Posibles sustitutos

Ave de paraíso (por alpinias rojas); Orquídeas Singapur (por proteas)

HOJAS ARQUITECTÓNICAS
Algunas hojas son, de manera visual, impresionantes y añaden un elemento dramático a este despliegue de flores grandes y audaces. La hierba de cipero y las hojas verdes le otorgan líneas fuertes y limpias que lo hacen interesante.

LA IMPONENTE LIATRIS

Los capullos de liatris abren de arriba hacia abajo, así su color lila pareciera deslizarse a lo largo del tallo, concediéndole a este diseño en espuma una atmósfera maravillosa; además la altura de los tallos le otorga mucho dramatismo sin que luzca pesado. Puedes colocarlo en un salón o pasillo; puedes usar varios arreglos idénticos o, para una variación de estilo, versiones más pequeñas del mismo en torno al florero principal. Debe durar de siete a diez días si mantienes la espuma mojada.

CÓMO ARREGLARLO

1 Llena dos tercios del florero con celofán arrugado o bolsas de plástico (p. 212).

2 Corta un bloque de espuma floral, mójalo y sitúalo dentro del florero de modo que asiente justo debajo del borde.

3 Poda los tallos de liatris al mismo largo (50 a 55 cm). Presiona los tallos dentro de la espuma en líneas rectas, acomódalos tan cerca uno de otro como sea posible, trabaja del frente hacía atrás. A medida que vayas incorporando las liatris, tuerce sólo un poco los tallos para que permanezcan derechos y no se cuelguen. Una vez arregladas, estas flores requieren poco cuidado, sólo debes rociarlas de forma regular.

LÍNEAS DE LIATRIS
Debes colocar las liatris con firmeza y en línea recta; trata de no hacer muchos ajustes, pues la espuma puede empezar a desintegrarse.

Flores

← 50 tallos de liatris.

Otros materiales

Un florero negro, alto, con forma de cubo (42 cm)
Celofán o bolsas de plástico
1 bloque de espuma floral
Cúter
Tijeras de jardín
Posibles sustitutos

Acónito o Genciana

FANTASÍA DURANTE TODO EL AÑO

Una gran variedad de flores como lirios, rosas y orquídeas, se encuentran disponibles todo el año; si quieres hacer arreglos emocionantes, vale la pena seleccionar combinaciones audaces y dinámicas que provean de interés, textura y profundidad. La elección deliberada de una urna de este color, aumenta el efecto visual del arreglo, con sus flores rosas y rojas, en contraste con los largos tallos de follaje verde.

EFECTO La idea detrás de este diseño es lograr el máximo impacto: flores de intensos colores, diferentes formas y texturas se unen para crear un impresionante despliegue visual.

SILUETA Las curvas suaves de la urna hacen que las flores destaquen por su diversidad de formas, sus capullos y aquellas abiertas, además del abundante follaje.

COLOR El rosa intenso de la urna se complementa con los rojos brillantes y rosas profundos, en contraste con el verde del rusco.

ALCATRACES

Este sensacional arreglo de flores y follaje está diseñado como centro, dentro de un jarrón transparente para acentuar su apariencia moderna. Varios de estos arreglos en línea darían una exhibición fantástica. Puedes usar diferentes tamaños de jarrones, para que el último de estos contenga el arreglo más grande. Si al momento de adquirirlas, las ramas de abedul aun tienen hojas, despréndelas antes de atarlas. Este arreglo con su inusual enfoque y altura luce fabuloso en un pasillo, en el vestíbulo de un hotel o en la esquina de un cuarto. Debido a que los tallos de los alcatraces, una vez que están juntos son difíciles de recortar, asegúrate de que pasen un buen tiempo en agua antes de arreglarlos.

CÓMO ARREGLARLO

1 Sujeta el manojo de ramas con firmeza a unos 7.5 cm de la base con un pedazo de rafia. Ata otro trozo de rafia a dos tercios de la altura total del manojo, permite que las puntas de los tallos luzcan sueltas. Ajusta otra extensión de rafia entre estos dos amarres. Corta la base de las varas en línea recta, para que se asienten derechas en el jarrón.

2 Acomoda tres alcatraces en fila horizontal a un lado de las varas y átalos a las mismas, con rafia, justo por debajo de la cabeza de los alcatraces. La rafia debe ocultar el amarre más alto alrededor de las varas.

3 Gira un poco el manojo de ramas a la derecha y añade otros tres alcatraces en fila. La base de las cabezas de las flores, debe asentarse justo arriba del punto de unión central de las varas. Sus tallos, además de colindar con los tres primeros alcatraces, deben estar alineados y cubrir las varas detrás de ellos. Sujeta los tallos con rafia y oculta el amarre en las varas.

4 Tuerce otro poco el manojo de varas a la derecha y agrega otros tres alcatraces, sus cabezas deben asentarse justo arriba del punto de unión mas bajo, cerca de la base de las varas. Asegúrate de que estas flores se acomoden junto a los otros tallos de alcatraz y átalos con rafia. Poda los tallos de alcatraz en línea recta para que coincidan con las ramas de abedul.

5 Llena con poca agua el florero de columna y añade una pastilla desinfectante. Coloca el arreglo dentro del florero. Las siluetas sobresalientes de los alcatraces, de manera natural, desplazarán el arreglo fuera del centro del jarrón.

Flores y follaje

9 alcatraces → amarillos

← 1 manojo de varas de abedul

Otros materiales

Jarrón transparente de columna
  (51 cm de alto)
Rafia
Tijeras de jardín
Pastilla desinfectante

Posibles sustitutos

Alcatraces blancos o alpinia roja
  (por alcatraces amarillos); bambú
  (por ramas de abedul)

ABANICO ORIENTAL

Este arreglo con silueta de abanico es fácil de arreglar y lucirá elegante como centro de mesa en una fiesta, en una sala de juntas o en un espacio contemporáneo. Tiene además un elemento divertido que juega con lo que crees que ves: cuando los "guijarros" de espuma floral están enhebrados en los tallos de la hierba cola de caballo, lucen idénticos a los de piedra. Usa los guijarros de espuma como una alternativa (su ausencia no le restará nada al arreglo). Durará de tres a cinco días si cambias el agua.

CÓMO ARREGLARLO

1 Coloca una base de alfileres en la parte posterior del recipiente. Primero, arregla los alcatraces altos para crear un punto focal: corta los tallos y presiónalos en el centro de la base de alfileres para que puedan estar erguidos a diferentes alturas.

2 Corta los tallos de las rosas, deben ser un poco más breves que el alcatraz de menos altura. Corta algunos tallos del tallo principal y resérvalos. Arregla los tallos principales al frente de la base, después llena los espacios vacíos con los tallos sueltos.

3 Sitúa las puntas de la cola de caballo atrás de los alcatraces sobre la base de alfileres. Si estás usando guijarros de espuma mojada, enhébralos en los tallos de la hierba cola de caballo. Dobla en el centro los tallos una o dos veces y coloca el extremo superior en la base, o contra la orilla del recipiente para crear la ilusión de alargamiento desde el centro.

4 Divide la hierba oso en manojos de 5 o 6 tallos, átalos con bandas elásticas y acomódalos alrededor del arreglo sobre la base de alfileres para unir el diseño. Esparce dos puños de guijarros negros dentro del florero para esconder la base de alfileres, añade agua suficiente para cubrir las bases de los tallos.

GUIJARROS DE ESPUMA
Es más fácil enhebrar los guijarros de espuma después de dejarlos un momento en agua.

Flores y follaje

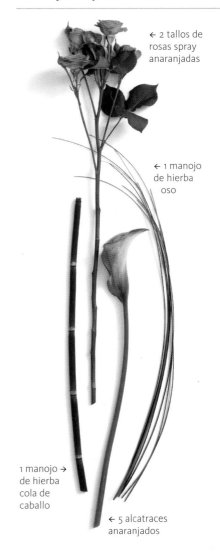

← 2 tallos de rosas spray anaranjadas

← 1 manojo de hierba oso

1 manojo → de hierba cola de caballo

← 5 alcatraces anaranjados

Otros materiales

Florero poco profundo de columna (13 cm de alto, 30 cm de ancho)
1 base de alfileres
Tijeras de jardín
Guijarros de espuma (opcional)
Guijarros negros

Posibles sustitutos

Flores de ajo silvestre o nerines (por alcatraces); flor de la viuda o peonías (por rosas); bambú delgado (cola de caballo); hierba Lily o hierba china (por hierba oso).

RAMO VERDE

Este ramo atado a mano usa una paleta limitada, y neutra de colores y es ideal para cualquier cuarto, sin importar si es colorido o de un blanco prístino. También es un obsequio idóneo para quien aprecie un diseño contemporáneo. Dado que resiste bien temperaturas extremas se puede colocar en un cuarto caluroso o en una oficina con aire acondicionado. Conservará su efecto aun si sólo se utilizan 3 tipos diferentes de flores verdes. Podrían ser, incluso, blancas, rojas o rosas para lograr un despliegue igual de vibrante. Este ramo durará una semana si mantienes las flores en buenas condiciones (pp. 34-35).

CÓMO ARREGLARLO

1 Divide las flores y el follaje en pilas separadas. Toma una de las flores por el tallo, añade otra de una variedad diferente, en ángulo, girando el manojo un poco, en una sola dirección.

2 Incorpora cada una de las flores y hojas en el mismo ángulo para un efecto en espiral de los tallos. Reserva la mayoría de las hojas de atar para el final. Cuando las acomodes, dobla sus puntas y sujétalas en el punto de unión. Esto, además de textura, otorga al arreglo un rasgo interesante. Si te agrada como luce, agrega las flores restantes en un ángulo inferior, por las orillas para crear una silueta abombada. Por último es el turno de las hojas de atar.

3 Amarra el ramo con cordel de jardinería o rafia y asegúralo con un nudo.

4 Poda los tallos en ángulo para dejarlos más o menos del mismo largo y poder asentarlos en agua. Si el ramo es un obsequio, envuélvelo y sujétalo con listón negro, verde o color crema (pp. 54-54).

Flores y follaje

6 crisantemos → trébol verde

↓ 15 tallos de rosa

↓ 7 crisantemos santini verdes

5 anturios → verdes

↑ 8 hojas de atar verdes

Otros materiales

Cordel de jardinería o rafia
Tijeras de jardín

Posibles sustitutos

Hortensias (por crisantemos trébol verde); pequeñas rosas spray (por crisantemos santini color verde); gerberas (por antirrihinum)

RESPALDO CON ORQUÍDEAS

Este sencillo arreglo, atado al respaldo de las sillas, da un toque encantador a cualquier celebración: boda, cena de Navidad o fiesta veraniega. El ramo, aunque diseñado como espiral atada a mano, es de vista frontal, pues es el ángulo que más verán los invitados, éste y el lateral. Con respecto a las flores, debido a que no tendrán agua, sólo durarán algunas horas.

CÓMO ARREGLARLO

1 Permite que las orquídeas beban agua, pues no la tendrán durante el evento. Corta sus largos tallos por la mitad para crear dos tallos cortos y separados.

2 Toma una orquídea y añade alrededor algunas más, en ángulo para un efecto espiral. No hay necesidad de girar el ramo con cada tallo añadido, pues es de vista frontal. Coloca los tallos más largos en la parte de atrás y los más cortos al frente.

3 Si te agrada la disposición de las flores en el arreglo, sujétalas en el punto de unión con rafia. Poda las puntas de los tallos en línea recta para que luzcan pulcros.

4 Envuelve con un listón largo el respaldo de la silla y anuda por la parte trasera. Con otro pedazo de listón, amarra el ramo al listón de la silla.

5 Luego, con el listón sobrante de la silla envuelve el ramo por el punto de unión (para cubrir la rafia y cualquier otro nudo visible). Remata el listón con un moño y deja que las puntas caigan sueltas sobre el respaldo.

Flores

6 tallos de → orquídeas Singapur color verde lima

3 tallos de → orquídeas Singapur color púrpura

DISEÑO AERODINÁMICO
Para mantener el arreglo alineado con el respaldo de la silla, usa alambre alrededor de un par de tallos y amarra los extremos a la silla.

Otros materiales

Tijeras de jardín
Rafia
Listón ancho
Carrete de alambre (opcional)

Posibles sustitutos

Rosas spray

ORQUÍDEAS EN PAPEL TAPIZ

Este diseño exquisito y delicado es una manera ideal de exhibir las cabezas de las orquídeas cuando la planta recién dejo atrás su mejor momento. Los pétalos lucen como alas de mariposa; y dentro de un jarrón esbelto casi parecen aletear a través del vidrio, flotando en el agua. Debido a que es un arreglo de vista frontal, lucirá deslumbrante en una cocina de diseño moderno, baño, pasillo, vestíbulo de hotel o sobre una repisa con luz. Las orquídeas durarán tres días antes de que el agua las estropee.

CÓMO ARREGLARLO

1 Llena el jarrón con agua, 10 cm, y agrega una pastilla desinfectante.

2 Poda las flores del tallo principal, de modo que en sus bases sólo quede un tallo breve. Corta 20 cm de alambre de color, rosa de preferencia para hacer juego con las orquídeas. Haz un pequeño gancho en uno de los extremos y presiónalo contra uno de los tallos. Enrolla el alambre dos o tres veces alrededor del tallo, pero debes tener cuidado de no cercenarlo. Sé gentil con las flores para no maltratar sus pétalos.

3 Cuando hayas puesto alambre a todas las orquídeas, corta varios pedazos de alambre de color y enróllalos alrededor de dos de tus dedos, estíralos un poco, deben quedar en espiral, y servirán como armazón para que las orquídeas se asienten y no caigan al fondo del jarrón.

4 Coloca algunos alambres en espiral en el fondo del jarrón, y acomoda algunas orquídeas encima: sitúa la cabeza de la flor dentro del jarrón, mirando hacía el frente y coloca el alambre detrás de esta. Utiliza una vara de jardín limpia para hacer los ajustes necesarios. Construye capas de orquídeas y alambres en espiral (añade agua después de cada capa) en un patrón al azar, llena el jarrón con agua hasta el borde.

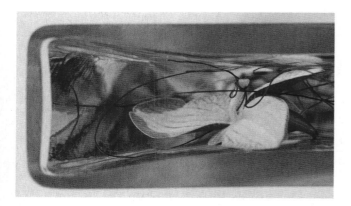

TALLOS CON ALAMBRE
Los tallos de las orquídeas son muy frágiles, por eso debes colocar el gancho de alambre contra el tallo, no alrededor. Usa una vara de jardín para acomodar las flores que se hayan movido.

Flores

↓ 2 Orquídeas mariposa color rosa

Otros materiales

Jarrón transparente de columna (39 cm de alto y 6.5 cm de ancho) o una pecera o cubo (con las flores hacia el frente)
Pastillas desinfectantes
Tijeras de jardín
Carrete de alambre de color

Posibles sustitutos

Cabezas de orquídeas Singapur

ALMOHADILLA CON CLAVELES

Este versátil arreglo de espuma floral puede colgarse de una rama de árbol, que sobresalga por encima de la mesa del jardín, en ocasión de una comida o cena veraniegas. También sirve en una boda para una dama de honor joven. Puedes colgar varias almohadillas idénticas para adornar la sala de tu casa en Navidad, o como adornos individuales con listón en la mesa (los invitados pueden tomarlas al terminar la velada, como obsequios). Los adornos durarán un par de días si los rocías de manera ocasional.

Flores

25 claveles →

CÓMO ARREGLARLO

1 Haz un gancho con uno de los extremos del alambre. Dicho alambre debe ser más largo que el diámetro de la pelota de espuma floral.

2 Corta dos pedazos de listón, de unos 20 cm de largo; uno grueso y otro delgado, dóblalos haciendo que sus puntas coincidan y sujétalos con el gancho de alambre. Envuelve uno de los extremos del alambre alrededor del gancho y el listón 3 o 4 veces.

3 Cubre la base del listón y parte superior del alambre con cinta de tallo.

Otros materiales

Tijeras de jardín
Alambre calibre 90
Cinta de tallo
Listón grueso y delgado
1 pelota pequeña de espuma floral
Vara de jardín pequeña

Posibles sustitutos

Tallos de rosas o rosas spray en capullo o a medio abrir (pp. 108-111).

4 Empuja el extremo del alambre por enmedio de la esfera húmeda, de modo que el listón quede en la parte superior.

5 Presiona con la vara de jardín la pelota de espuma contra la base, justo donde asoma el alambre, ahora pasa este alambre alrededor de la vara de jardín para evitar que el listón se afloje o caiga. Corta el alambre sobrante.

6 Corta tallos de los claveles por el nódulo superior, donde crecen las hojas más altas. Los tallos deben ser de unos 2.5 cm.

CONSEJOS DE EXPERTO

• **A medida que acomodas** los claveles, escurrirá agua de la espuma, así que una vez que termines, deja drenar el agua un tiempo antes de colgarlos.

• **Coloca algunos alfileres con perlas** en el centro de cada clavel para que luzcan en una ocasión muy especial.

• **Rocía las flores** para consérvalas frescas y mantén húmeda la espuma.

7 Comienza en la parte superior de la pelota, presiona los tallos en la espuma floral; es importante trabajar de manera metódica, no al azar. Sitúa los tallos cerca uno de otro, de modo que la espuma quede oculta, pero sin aplastar las flores. Acomoda las flores, ya se en espiral desde arriba, o hacía abajo, por secciones. Cubre la esfera de modo que no haya vacíos.

ESCULTURA DE CLAVELES

Este despliegue moderno de flores tradicionales, nos revela una interesante yuxtaposición de siluetas y texturas: los ligeros grupos de pétalos sobre espuma floral, contrastan de manera dramática con el florero anguloso y suave. Aun cuando luce impresionante, su arreglo es muy sencillo. Lucirá espléndido en la entrada de un salón o en el bar de una fiesta. Si necesitas centros de mesa, puedes hacer una versión más pequeña de este arreglo. Durará tres días si rocías las flores.

CÓMO ARREGLARLO

1 Revisa que la esfera de espuma floral, ya húmeda, se asiente con firmeza en la parte superior del florero.

2 Poda los tallos de los claveles en el nódulo, donde crecen las hojas más altas. El largo de los tallos debe ser de 2.5 cm

3 Empuja los tallos de los claveles a través de la espuma. Empieza desde arriba, arréglalos de forma ordenada, tan cerca uno del otro como sea posible. Cubre toda la espuma sin aplastar los pétalos. Trabaja, en espiral o en secciones, desde arriba hacia abajo.

Flores

← de 45 a 50 claveles rojos

CONSEJOS DE EXPERTO

• **Como con todos los arreglos florales**, permite que los claveles beban mucha agua antes de cortarlos y acomodarlos en la espuma.

• **La esfera de espuma no debe** tener demasiada agua o empezará a desmoronarse. Coloca la esfera en una cubeta con agua, permite que se hunda hasta el fondo y retírala de inmediato.

Otros materiales

Florero opaco y alto de forma cúbica (40 cm de alto)
1 esfera de espuma floral (18 cm de diámetro)
Tijeras de jardín

Posibles sustitutos

Hortensias

GERBERAS EN FILAS

Este arreglo pulcro y fresco podría llamarse el "arreglo eterno": el diseño de la espuma floral es tan fácil de re inventar que sólo debes reemplazar las flores marchitas con tallos frescos. Su apariencia peculiar y divertida nos indica que lucirá bien en una cocina, la repisa de una ventana, la mesa en un pasillo, bajo una luz o sobre una mesa en una fiesta infantil. El objetivo es crear una apariencia en gradas, con las flores más altas en la parte posterior y las más cortas al frente, no es necesario ser muy estrictos con las capas de cada fila. Durará por lo menos una semana si conservas húmeda la espuma floral.

CÓMO ARREGLARLO

1 Debido a que las flores estarán asentadas sobre espuma, deberás ponerlas en agua, una hora al menos, antes de cortar los tallos. Si el recipiente no es hermético, fórralo con celofán o un material similar, y coloca cubos de espuma húmeda dentro.

2 Poda los tallos de cuatro gerberas a un mismo largo e insértalos en la parte posterior de la espuma, equidistantes entre si. Estas serán las flores más altas del diseño, así que no cortes demasiado los tallos.

3 Acomoda otra fila de gerberas, justo adelante de la primera. Los tallos deberán ser un poco más cortos.

4 Añade la última fila de gerberas en el frente del arreglo, incorpora cada tallo adelante de las filas anteriores. Sujeta cada juego de flores con alambre de color, de preferencia el mismo que las cabezas de las gerberas.

5 Si deseas añadir un toque extra a los amarres, enrolla algunos pedazos de alambre (ver abajo). Después esparce suficientes guijarros sobre la superficie del recipiente para cubrir por completo la espuma floral.

ESPIRALES DECORATIVOS
Haz los espirales con tus dedos, rota el alambre (3.5 cm) a 90° hasta lograr la forma de una serpentina. El círculo debe quedar compacto de manera que los alambres se toquen entre sí. Debe ser un espiral de unos seis círculos. Utiliza el pequeño extremo del alambre en la parte trasera del espiral para sujetarlo al frente de los tallos.

Flores

12 gerberas

Otros materiales

Un recipiente (bebedero acanalado) de metal galvanizado (41 cm de largo, 15 cm de profundidad)
Recipiente de terracota o de cerámica
1 o 2 bloques de espuma floral
Carrete de alambre decorativo grueso de color
Guijarros negros, conchas o grava

Posibles sustitutos

Anturios

DIRECCIONES ÚTILES

La mayoría de las flores que hemos mencionado son fáciles de conseguir en cualquier florería, o incluso en el jardín. Sin embargo, a continuación encontrarás direcciones de asociaciones, mercados, proveedores y viveros que pueden ser de utilidad.

SOCIEDADES Y ORGANIZACIONES

ASOCIACIÓN MEXICANA DE JARDINES BOTÁNICOS A.C.
Jardín Botánico Francisco Javier Clavijero
Instituto de Ecología, A.C.
Km 2.5 carretera antigua a Coatepec No. 351
Congregación El Haya, Apartado Postal 63
Xalapa 91070, Veracruz
México
www.ecologia.edu.mx/

INVERNADERO FAUSTINO MIRANDA
UNAM
Av. Insurgentes Sur S/N.
Ciudad Universitaria Colonia Copilco Universidad,
CP 04360
Delegación Coyoacán.
México, D. F.
Tel. 56 22 9047

JARDÍN BOTÁNICO UNAM EXTERIOR
UNAM
Av. Insurgentes Sur S/N.
Ciudad Universitaria Colonia Copilco Universidad,
CP 04360
Delegación Coyoacán.
México, D. F.
Tel. 56 22 90 47 y 56 22 90 63

JARDÍN BOTÁNICO BOSQUE DE CHAPULTEPEC
Palmira Zavala Jiménez de Lara Bosque de Chapultepec
Secretaría Técnica
Tel. 52.86.05.05 / 52.86.05.10 ext. 1019
Paseo de la Reforma
Chapultepec

JARDÍN BOTÁNICO HELIA BRAVO HOLLIS
En dirección a Zapotitlán, a 25 km de Tehuacán
Tehuacán, Puebla
Tel. 237 383 6071

JARDÍN ETNOBOTÁNICO DE OAXACA
Ex-convento de Santo Domingo de Guzman
Centro Histórico
Oaxaca, Oaxaca
Tel. (951) 516 5325, (951) 516 7915 y (951) 516 9017

JARDÍN BOTÁNICO FRANCISCO JAVIER CLAVIJERO EN XALAPA, VER.
Xalapa, Veracruz, en el Km. 2.5 de la antigua carretera a Coatepec
Tel. (228) 842 18 27

MUSEO DEL DESIERTO DE SALTILLO, COAH.
Prolongación Pérez Treviño 3745
Parque Las Maravillas, C.P. 25015
Saltillo, Cohauila
Tel. (844) 986 90 00

CONCENTRADORA NACIONAL DE PLANTAS ORNAMENTALES
Casasano Calderón No. 1
Col. Casasano,
Cuautla, Morelos, México
www.conaplor.com.mx

VIVEROS DE COYOACÁN
Exposición y venta de plantas
Melchor Ocampo No 100 esquina Av. México
Colonia del Carmen Coyocán.
c.p. 03152
Tel. 5554 6007
Abierto de 5:00 AM a 5:00 PM

INSTITUTO MEXICANO TÉCNICO FLORAL DF
http://www.imtf.com.mx
Guillermo Prieto # 61 Local 30
Plaza Jamaica (Frente al Mercado de Jamaica)
C.P. 15800 México, D.F.
Tel. (55) 5740-1761
Tel. (55) 5740-5299
serviciosescolaresdf@imtf.com.mx

INSTITUTO MEXICANO TÉCNICO FLORAL MONTERREY
Calle Bravo # 101 Esquina Aramberri
Col. María Luisa
C.P. 64040 Monterrey, N.L.
Tel. (81) 1133-5873
serviciosescolaresmty@imtf.com.mx

INSTITUTO MEXICANO TÉCNICO FLORAL GUADALAJARA
institutofloral@hotmail.com
Mariano Otero # 1075-5
Col. Residencial del Bosque

C.P. 44510 Guadalajara, Jal.
Tel. (33) 3070-0973
serviciosescolaresgdl@imtf.com.mx

FEDERACIÓN MEXICANA DE JARDINERÍA Y ARREGLOS FLORALES
Camino A Toluca 826 Miguel Hidalgo, Distrito Federal, 11000
Lomas de Chapultepec, Tel. 555-520-6495

MERCADOS DE FLORES Y VIVEROS

MERCADO DE XOCHIMILCO
Mercado de flores y plantas Madreselva en el bosque de Nativitas
Bosque de Nativitas, Xochimilco, D.F.

MERCADO DE JAMAICA
Av. Morelos
Col. Jamaica
C.P. 15800
Delegación Venustiano Carranza

MERCADO DE FLORES DE SAN ÁNGEL
Ave. Revolución s/n
Col. San Ángel
C.P. 01000
Delegación Álvaro Obregón

MERCADO DE LAS FLORES
Arramberri y 20 de noviembre.
CP 64000, Centro de Monterrey
Monterrey, N.L.

MERCADO DE LAS FLORES
Calzada Independencia al costado de Agua
Guadalajara, Jalisco. C.P. 44460
Tel. (33) 3619-0011

VIVERO EL BONSAI
Carretera Nacional Km. 261.5, Los Cristales
Monterrey, Nuevo León, México. 64985
Tel. (81) 826 62116
Fax. (81) 826 61602
vivero_bonsai@hotmail.com
www.vivero-bonsai.com.mx

FLORISTAS Y PROVEEDORES

FIORENCE FLORERÍAS MÉXICO
Red de más de 500 florerías en el país.
www.fiorence.com.mx

Contacto: *info@fiorence.com*
Tel. 01800 087 2221
Tel. (55) 1163 5016 (DF)

FLORES DE MÉXICO
Surte flores y follajes finos en toda la república,
a precios de mayoreo.
Contacto: *floresdemexico2005@yahoo.com.mx* |
marthanicolee@yahoo.com.mx
Tel. (55) 2456 3711 y 5600 8993
Servicio nocturno (55) 24563711 Servicio express 044 55 17633837
y 18454988

FLORAPLANT
Lirio Acuático No. 124
Rancho Xaltocan, CP 16090
Xochimilco D.F.
ventas@floramundo.com.mx
5028112

PROVEEDORES DE ÁRTICULOS RELACIONADOS

MAYORISTAS DE FLORES EN MÉXICO
Blvd. José López Portillo No. 710
Residencial Las Flores, Toluca,
Estado de México
50018, México
mayoristasdeflores.blogspot.com

SMITHERS-OASIS DE MÉXICO S.A., DE C.V
Av. Movimiento Obrero #227
Col. La Fama, Santa Catarina, N.L. México C.P. 66100
Tel. +52 (81) 8336.1245
Fax +52 (81) 8336.2441
Lada sin costo: 01 800 839 9500 (Sólo México)

ASOCIACIÓN MEXICANA DE CONSTRUCTORES DE INVERNADEROS, A. C.
Montecito no. 38, Piso 36 Oficinas 27 y 28,
Despacho 2, World Trade Center, Nápoles;
03810 México, Distrito Federal.
Tel. (55) 5584 0243
gerente@amci.org.mx
administracion@amci.org.mx
www.amci.org.mx

MERCADO MEXICANO DE FLORES Y PLANTAS
Km. 14.5 Carretera Toluca-Tenango
Mpo de San Antonio La Isla
Estado de México
www.floracopio.com.mx

ÍNDICE ANALÍTICO

AGRADECIMIENTOS

ACERCA DE LOS AUTORES

Mark Welford y Stephen Wicks abrieron su tienda: "Bloomsbury Flowers", en Covent Garden, Londres, en 1994. Antes de esto, los "Chicos Bloomsbury", como se les conoce ahora, eran bailarines del Royal Ballet. Su misión es lograr arreglos tan teatrales como sea posible, sin perder la sencillez; clásicos, sin pretensiones.

La lista de clientes de Bloomsbury Flowers incluye la cadena de hoteles Firmdale, con quienes ganaron la medalla Grenfell de plata en la exhibición del RHS (Royal Horticultural Society), Chelsea Flower Show, en mayo del 2010.

LOS AUTORES DESEAN AGRADECER

A nuestro fabuloso equipo en Bloomsbury Flowers, en especial a Megan, Gemma, Janet, Grace, Russ y Anton.

A Susannah Steel por convertir nuestros desvaríos en un texto coherente, y a Jessie por ser tan encantadora y paciente.

A nuestra maravillosa fotógrafa, Carolyn Barber, con quien trabajar no sólo es inspirador, sino todo un deleite.

A todo el equipo en Dorling Kindersley, a Mary-Clare Jerram, por la puesta en marcha del libro, a Caroline de Souza, Dawn Henderson, Christine Keilty, Marianne Markham, Andrew Roff y William Hicks.

A todos nuestros proveedores en New Covent Garden Flower Market, así como también a MHG Flowers y Metz.

DORLING KINDERSLEY DESEA AGRADECER

A Nicky Collings por la dirección de arte en photoshoot, Kate Davis, asistente de fotografía, Steve Crozier por su trabajo de retoque, Sue Morony, prueba de lectura y a Hilary Bird por el índice analítico.

CRÉDITO DE IMÁGENES

Todas las imágenes © Dorling Kindersley
Para mayor información: www.dkimages.com

NOTA
El polen de los lirios es venenoso para perros y gatos, si tienes uno, asegúrate de retirar todo el polen de los lirios antes de arreglarlos.